白化文——著

三生石上旧精魂

白化文文集（第八卷）

图书在版编目（CIP）数据

三生石上旧精魂 / 白化文著. — 北京：中国书籍出版社，2017.8
（白化文文集）
ISBN 978-7-5068-6397-1

Ⅰ.①三… Ⅱ.①白… Ⅲ.①古典小说—关系—宗教—中国 Ⅳ.①I207.41

中国版本图书馆CIP数据核字（2017）第200449号

三生石上旧精魂

白化文　著

图书策划	牛　超　崔付建
责任编辑	牛　超
责任印制	孙马飞　马　芝
出版发行	中国书籍出版社
地　　址	北京市丰台区三路居路97号（邮编：100073）
电　　话	（010）52257143（总编室）（010）52257140（发行部）
电子邮箱	eo@chinabp.com.cn
经　　销	全国新华书店
印　　刷	三河市华东印刷有限公司
开　　本	650毫米×940毫米　1/16
字　　数	190千字
印　　张	18.5
版　　次	2017年9月第1版　2017年9月第1次印刷
书　　号	ISBN 978-7-5068-6397-1
总 定 价	580.00元（全十卷）

版权所有　翻印必究

总　序

化文学长与我是同学挚友，我们有共同的爱好，都对古典文学有一点偏爱。不过他的学问广泛，知识渊博，这是我们班同学都公认的。当他七十寿辰时，我给他写了一副贺联：

五一级盍簪相契，善学善谋，更喜交游随处乐；
七十翁伏案弥勤，多能多寿，定看著作与年增。

这里我说的，真是实话。他的"善学"和"多能"，是我最佩服而学不到的。据他片断的自述，我们可以了解到，他少年时就偏爱文科，读书很广，从不死抱着课本不放，而是大量地读课外书。虽然偏废理科，但对于海军史和舰艇知识，却非常熟悉，谈起来如数家珍。上大学时，他不仅认真听本班本系的课，还曾旁听过高班和外系的课。他1950年就上了北大，所以曾有机会听过俞平伯、罗常培、唐兰、王重民先生的课，比我们有幸多了。杜甫《戏为六绝句》之六说："转益多师是汝师。"他的确是做到了"转益多师"的，因此有多方面的资源和传承，成为一个多面手。

他的"善学"，首先是尊师重道。一向对老师尊敬尽礼，谒见老师，总是九十度鞠躬，侍立倾听。直到现在，他讲演、发言时，提到老师的名字一定从座位上肃然起立表示敬意。他写文章时总是先举老师的字再注名，以字行的当然在外。这些礼节已是今人所不懂的了。事无巨细，他总是竭诚为老师服务，真是做到了"有事弟子服其劳"。在他将近知命之年，拜我们编辑行的前辈周绍良先生为师，成了超龄的"在职研究生"。他在人前人后、口头书面，总自称为门生，极为恭敬，比青年人虚心得多。

他的"善学"，体现于学而能思和思而能学。孔子说："学而不思则罔，思而不学则殆。"（《论语·为政》）化文学长是身体力行的。他在上大学之后，总结了自己的学习经验，得出自觉颇为得力见效的四条"秘诀"。

第一条是：

> 除了入门外语等课以外，大学的课程均应以自学为主。多读课外书，特别是指定参考书和相关书籍，学会

使用最方便使用的大图书馆，学会使用各有各的用处的各种工具书，一生得益。

这是最重要的一条经验。我愿意把它推荐给广大青年同学，不过万一遇上了要求背笔记的老师，可能考试得不到高分，那就不要太在意，争取在别的地方得分吧。

第四条也很重要：

老师的著作要浏览，有的要细读。对老师的学术历史要心中有数。这样，一方面能知道应该跟老师学什么，甚至于知道应该怎样学；另一方面，也借此尽可能地了解在老师面前应该避忌什么与提起什么。

这一条是准备进一步向老师学习真髓的方法。每个老师都有独特的长处和学术道路。你想要多学一些课堂之外的东西，就得先做功课，细读老师的主要著作，才能体会出课堂上所讲的那些结论是怎么来的，才能明白老师所讲的要点在哪里。化文学长在四条"秘诀"的其余两条里就讲了要注意讲义之外的"神哨"和听课时要多听少记，都是这个思路。读者有兴趣的话，可以去找他的《对一次考试答案的忏悔》《定位、从师、交流、考察》两文一读。

他的"善学"，还在于随遇而安，就地取材，见缝插针，照样能左右逢源，有所建树。化文学长前半生道路坎坷，屡遇困境，但他能边干边学，学一样像一样。徐枢学长分配到电力学校教课，心里郁郁不乐，先师浦江清先生开导他说，"你可以研究电嘛"。当时引为笑谈，化文学长却从中得到了启发，他说："老师有深意存焉：到什么山上唱什么歌。只要抓住'研究'不放就行。因而我此后每到新岗位，一定服从工作需要，在工作中不废研究，多少干出些名堂来。"（《浦江清先生二题》）他也的确干出了许多"名堂"。有一段时间，他以业余时间帮《文物》杂志编辑部看稿，看了不少发掘报告，从而也学了文物考古的知识，这对后来他研究佛寺和佛教文物很有裨益。同时也因看稿而向王重民先生请教古籍版本方面的问题，得到了许多课外的真传。

他的"多能"，就因为他"善学"。大学毕业离校之后，他不仅继续向本系的老师请益，而且还陆续向外系的老师求教，如历史系的周一良先生，哲学系的任继愈先生，东语系的季羡林先生，都得到不少教益。他在师从周绍良先生之后，虚心学习敦煌学和佛教文献学，再和他本职工作相结合，创立了佛教和敦煌文献的目录学，成为一门新的学科。

我们只要看看化文学长这一批著作的书目，涉及好几门学科，就可以知道他的"多能"，正是他"善学"的结果。希望青年一代的读者，能从这些书里学习他"善学"的精神和方法。倒不一定要学那些具体内容，因为人各有志，条件各不相同，所遇的老师又各有所长。就如白先生自称"受益于周燕孙（祖谟）先生最深"，他也深知周先生的特长是音韵、训诂，但他不想学语言文字学，就如实地回答了周先生的探询。他最受益的是周先生给他讲的工具书使用法，而学到的还有周先生礼貌待人、踏实治学的作风，应该说是更重要的。

孔子自谦说："吾少也贱，故多能鄙事。"化文学长少年时并不"贱"，从小在慈母沈伯母的精心培养下，决心要上北大文科。终于，在北大中文系前后读了五年，在北大图书馆泡了六十多年，造就了一位"多能雅事"的传统文化学家，应了浦江清、朱自清两位先生在他幼年时说的预言。沈伯母在天之灵，我想应该含笑点头了吧。

中国书籍出版社要出白化文学长的十本文集，汇为一辑，委托我写一篇序。我与他幸为知交，不能推辞，写一点感想，作为书前的题记而已。

程毅中

2016年8月

目　录

引　子 001

仙、鬼、轮回与因果报应 008
神通变化：小说助成了神佛 032
从"一角仙人"到"月明和尚" 058
龙女和柳毅的传承 076
封建士子的白日梦 099

八　仙 117

试释如意 150
话拂尘 180
谈麈尾 202

话"法轮" *211*

佛门弟子 *222*

僧人姓"释" *232*

"儒童"和"儒童菩萨" *236*

四威仪——行住坐卧 *251*

"二十诸天""供佛斋天""供天"与"拜天公" *258*

《白化文文集》编辑附记 *278*

引　子

本书书名《三生石上旧精魂》，取自唐人传奇《甘泽谣》（袁郊撰）"圆观"一则中的一句诗。不嫌辞费，略述"圆观"一则梗概如下：圆观是大历末年洛阳惠林寺一位通晓佛学与音律的富有的僧人，李源是公卿的后代，心灰意冷，施舍全部家财入惠林寺，以寺为家。两位是好朋友，每日促膝静话，如此三十年。后来，两人结伴入蜀游览。去路，大体上走的是杜甫入蜀即后夹陆游名句"细雨骑驴入剑门"那一路，归途，李源不想走老路，建议取径从三峡出川，走水路——李源坚持非这么走不可，圆观本不愿意。峡中维舟，见到一位姓王的孕妇。圆观说，她已怀孕三年，所怀就是圆观的后身。只要圆观一见到她，她就要生产了。圆观一拖再拖，这回见着了，"释氏所谓'循环'也"。两人约定：十二年后，中秋月夜之时，杭州天竺寺外一见，以证因缘。这一晚，圆观逝世，小儿出生。"洗三"之日，李源往见，小儿一笑。十二年后，李源果真到天竺寺，见到圆观的后身，乃是一个牧牛小孩儿。两人互致问候。小孩儿唱了多首竹枝词，李源记住两首。其中一首是：

三生石上旧精魂，（我们曲解为：根子在佛教那里，源于佛教轮回思想。）

赏月吟风不要论。（我们曲解为：反问，启发我们，难道不能从佛教与中国小说的关系的角度去探讨吗？"赏月吟风"乃是闲事，是文人的"姑妄言之"。）

惭愧情人远相访，（我们曲解为：有兴趣的人可以沿流讨源。）

此身虽异性长存。（我们曲解为：中国小说虽然把佛教故事中国化了，可是隐藏其中的佛教"基因"还在。）

以上所引，说明了起这个书名的缘故。本书主要探讨佛教对中国文学特别是小说戏曲的直接与间接影响，特别要说明的是：

中国人很爱接受外来思想与事物。东汉以下，佛教对中国影响巨大。要是没有佛教带来的若干外来思想与许许多多故事为中国小说催生,大批的真正的中国小说就产生不了。例如,"轮回"与"三生",加上"神通变化""化身"等等思想及其故事性例证的传入,就给中国小说家大开眼界,中国人学习外来思想向来很快,而且学了就要用,从而使之化为自己的东西。例如,中国人原来不知道动物可以变化成人,并且能与人搞种种关系——小说中自然以搞恋爱为最能吸引读者,中国作家一明白过来,马上大大地玩耍起这一套来。早期还在试探:哪一种动物最适合干这一手。南朝时期,试验过用南方水滨的水獭。可是,这种动物地方性较强,许多西北和北方的人没有见过。而且,水漉漉的。在竞争中很快就被淘汰啦!也用过老虎、猿猴,甚至于蛇,后来一直在小规模地采用,但由于种种原因,没能推广。鬼狐并称,是中国小说中的大宗,本土成分极浓,但是,鬼狐能变化成人,可是从天竺学来的。狐狸精成为迷人的主流,然而她们的名誉不佳,好的少。而源自古代南亚次大陆的龙女,受原型影响,却大都是情意绵绵、风鬟雾鬓的正面美好人物!

可是,中国人又努力将外来事物中国化。慢慢地,老家可就不好找了。我们在本书中所做的,就是一些溯源工作。它们带有例证性质,期望有兴趣的读者举一反三。那么,何以知道哪些事物与佛教有关联呢?一把尺子是:东汉前的中国人想不到那儿去。或者是,中国人原来不那么干。例如,早期道教不但不禁欲,反而大干"合气"的勾当。后世的全真道士与道姑独身，肯定是道教暗中受佛教清规戒律的影响。道教也有自己的老基因传存，如龙虎山张天师一脉相承，还是传宗接代，只不过不"合气"就是了。由"合气"转为维持与维护正式夫妇关系，也是暗中受到佛教影响的结果。

可是，中国人向来只愿意接受自己能接受的事物。佛教很能就地开花结果，这一点比其他宗教生硬推行自己那一套强得多。中国人又善于对外来事物进行中国化的脱胎换骨的改造，并加入许多自己的东西。这在此书中亦三致意焉。例如，古代南亚次大陆常以"弹指"喻时间短暂，中国人也不是不采用，如所谓"一弹指顷去来兮"即是。那只是文人用典，老百姓不太理这个茬，按中国手势，八成还以为是叫堂倌结账呢！中国人是很重视饮食的民族，时间观念往往和吃喝搭钩。"蚤食""食时""铺时""下铺""夜食时"，在十八时分中占五个。中国小说写打仗，主帅下令，必是先起床再造饭，时间顺序清楚，绝不能枵腹从公。所以，小说戏曲中的时间观念经常是中国式的。中国小说的传统是非写吃喝不可，许多问题饭桌上解决。以《三国演义》中事件为例，青梅煮酒才是论英雄之时之处，"借东风"孔明与鲁肃船中必得小饮一番，"群英会"就大摆宴席啦！甚至于"情节不够，吃饭来凑"。爰及当代，吃喝风越扇越旺。举唐人传奇及其前驱来做比较：唐人传奇《樱桃青衣》是从南北朝初始国产化的"杨林"一则变化而来。"杨林"一则没提吃喝，尚未完全中国化；《樱桃青衣》则必须吃罢樱桃再说正事，醒后小竖提醒主人的头一句话是"人驴并饥"。再发展便成"黄粱一梦"；再往下则是《南柯太守传》，喝醉了才能够"梦里南柯"，然后"南柯梦醒"，"馀樽尚湛于东牖"。现实中形容时间短暂，则有后来的"温酒斩华雄"。

更应注意的是，中国人很能学习，看老师怎么变化，立即发展变化。例如，佛教尊像常各有持物，似成专用。汉化佛教中更加使之固定化。如观音的净瓶（由"军持"演变而来）、杨枝（由口嚼刷牙小树枝变来）等均是。中国小说戏曲中，此种个人专用器物、武器比比皆是，不胜枚举。唐人传奇有意地在一篇中安排重要道具，往往在文中起无可替代的作用。成功的例子，如《枕中记》中的有窍青瓷枕（比《杨林》中破柏枕强多了）；《虬髯客传》中的红拂；《长恨歌传》中的钿合金钗；《裴航》中的玉杵；《定婚店》中的红丝，等等，均是。后来的作家，也都追求在作品中安设突出的有的甚至能影响全局的道具，如《三国演义》中孔明的羽扇，《红楼梦》中的"通灵宝玉"，都是使人叹为观止的神来之笔。

中国的武术冠于世界，武术家的武器也在多样性之中追求个人专用：青龙刀、丈八蛇矛、尉迟鞭、秦琼锏，后世尚有胜英的甩头一子，窦尔敦的虎头钩；还有神魔小说中孙悟空的金箍棒、哪吒的火尖枪、猪八戒的钉耙，等等。值得注意的是：中国武器很讲究重量，关王刀八十二斤，鲁智深的禅杖也有六十二斤；李元霸的两柄大锤共重八百斤，但也比不上孙大圣的金箍棒重达一万三千五百斤！

　　如果说，中国的武器所受外来影响不太容易看出，反而是在改造外来武器使之适于战斗方面很成功的话（如中国式样的降魔杵），那么，受佛经特别是密宗影响的法宝则花样翻新，使人应接不暇，有青出于蓝之感。中国人在这方面想象力忒强，几乎抄起什么全能变成法宝。仅举一例：混元金斗，就是马桶翻新。给你扣一屎盆子，就能削掉顶上三花，胸中五气，千年道行全消。另一方面，它又是收生婆用的盆，剪脐带则用金蛟剪，那也是妇女做活计的剪刀。"九曲黄河阵"则是农村野外厕所的扩大化与神化。

　　可是，统治者的思想就是统治的思想。中国人固然大度包容，能采用大量舶来品，并加以国产包装，但是，太离谱的就不行了。例如，古代南亚次大陆的神话故事中，帝释天看上了阿修罗家的公主，抢来为妻，导致一场惨烈异常的大战。这与美女海伦被拐引起特洛伊之战如出一辙。可是，中国统治者一向视女性为玩物，总认为不值得为一个女人打仗。"和番"倒是经常之事，那是从政治上着眼。当然，有许多人不赞成这么干，大多数是文人："谁为帝子和戎策，我是男儿为国羞!"骂的是无能的谋臣武将。可是,六军驻马之际,牺牲的还是杨贵妃。《长生殿》写来写去,怎么也掩盖不住这一分裂的主题——有真正的爱情吗?

以上说的是此书中的若干"看点",以下概述本书内容。

第一部分五篇,举例说明某一类题材故事与佛教故事之间的关联。重点述中国作者之化洋为土,推陈出新。

第二部分一篇,阐述了八仙的变换及其源流。

第三部分五篇,分述几种器物在儒释道三教和高层与全社会中的使用及其中蕴含着的种种特殊意义。

必须说明,本书稿力求普及,并非高深的论文结集。我们参考了力所能及搜集到的重要资料。好比布置房间,陈设如床、铺盖、桌椅、书画、灯具等等,全是买来的。也有几件是本客自制。可是,室内装饰意匠是笔者的。当今"知识爆炸"时代,我们未见到的材料必然极多。因此,也就不再列参考资料目录啦!您要是看到此书中有与阁下高见相合之处,就可认为笔者是在使用或者说是抄袭您的高论。在此,先致衷心的感谢!

无论如何,书稿恐怕将呈献在读者面前啦。知我罪我,是在于敬爱的读者矣。请您翻篇看吧。笔者下台鞠躬,敬礼了!

2004年6月10日,星期四,承泽园

仙、鬼、轮回与因果报应

一

所有的宗教都把人的肉体和灵魂区分开来，认为它们是可以彼此独立的，这就是宗教的本质之一，否则宗教是无法产生的。从古书中的记载和现代考古发掘显示的情况看：中国古代祭祀繁多，有祭天神地祇的，有祭山神、水神、五谷神的。表现出一种多神的、相当杂乱的人格神的系统，这个传统一直变化多端地维持到近现代。另外，也祭死去的祖先，这就是祭鬼，这个传统也被维持下来。

战国、秦汉时期，百家争鸣，方士大量出现，他们迎合了上层统治阶级长生不老的虚幻的主观愿望，提出有"仙人"的思想。"仙人"是长生不老的,要达到长生不老成为仙人的目的,主要可采取修炼和服食两种方式,这两种方式又经常结合在一起。

就以汉朝人来说,他们讲究"服食求神仙"。他们日常服食的大致可分两类:一类是药品,其中矿物质的药品常需要经过多次提炼,服下后常导致死亡,可是迷信的人还是代代都有。《红楼梦》中的贾敬是晚期典型。另一类是植物性药品和少量的动物类药品,如人参、何首乌、黄精、枸杞子之类,属于补养药,但其作用经常被歪曲和夸大。再有不属于以上两类的一种另类,那是某些想象中具有神奇效果的食品,例如交梨、火枣、天露之类,大多是"远方珍异"的夸大,反映了丝绸之路和海上丝绸之路开通后,中国人对"舶来品"的不准确的认识和对东西方等远方殊域的片断的因而导致神异化的了解。这就产生了想东赴蓬壶三岛,西访瑶池寻王母,求长生不死药的愿望,倒也促进了陆海丝绸之路的开通。这些,都在早期的汉魏南北朝的中国小说中有形象化的反映。

二

东汉末,佛教开始传入中国,在南北朝时期形成了佛教在中原和江南地区传播的第一个高潮和佛经翻译的第一个高潮。应该说明，早期佛教似乎是南亚次大陆占统治地位的婆罗门教的对立面或说是改良派，它在创立自己的教义的过程中，吸收和利用了大量的婆罗门教教义和经典。后来的佛教，特别是密宗，又与印度教、耆那教等宗教相互影响，相互暗中学习。在传教过程中，佛教又大量地采撷、使用了南亚次大陆早期的神话、民间故事和长篇史诗、说部、寓言等，并改造非佛教的神，使之为佛教服务。佛教向来认为佛法广大、无所不包，吸收了许多其他宗教的教义。佛教传流中宗派众多，各时代传法高僧自然也是哪派都有。因此，在翻译出的大量佛经中，就包含着以上所说的各种成分。例如，我们在下面重点讲到的轮回思想，就是佛教从婆罗门教那里延续下来并加以改造，且在传入中国后彻底汉化的。印度教最根本的经典《吠陀经》、南亚次大陆的著名文学作品《罗摩衍那》等长篇名著的片段，也都通过佛经汉译传入中国。本书中讲到的"佛教"一词及其内涵，所指的就是这种混合了大量非佛教材料的，而且逐步汉化了的一种模糊宽松概念。

　　道教是汉族本民族创立的宗教，大致创始于汉末，从张道陵加以改造立教时开始形成。在长期的与佛教争胜的过程中，道教学习了佛教的许多传教方式、手法，加以改造，使之成为汉族自己的东西，为己所用。而混合了佛教、道教和儒家思想的各个时代各种不同的民间信仰，又有自己多方面的创造发挥。

为了加强宣传，争取信徒，佛教、道教，特别是各种民间宗教信仰，都利用创作小说故事等为重要手段。可以说，没有佛教的传入和佛教本身以及受它影响的各种宗教对小说的使用，中国小说的发展史就可能大大地推迟。反过来说，在为宗教所用的过程中，中国小说以及戏曲等不但大大地丰富了自己，又大大地改造和丰富了各种宗教。

三

古代的中国人，活着受帝王将相组成的政府管辖。人死了变成鬼，也得有所统属。我们在文献及文物中能够比较清晰地追溯到汉代，佛教尚未传入时，一个简单的设计是把鬼都送到东岳去，东汉应劭《风俗通义·正失》有云："俗说：岱宗上有金箧玉策，能知人年寿修短。"顾炎武《日知录》卷三十有一则论之甚详：

> 尝考泰山之故，仙论起于周末，鬼论起于汉末。……《博物志》所云泰山一曰天孙……知生命之长短者，其见于史者，则《后汉书·方术传》许峻自云："尝笃病，三年不愈，乃谒泰山请命。"《乌桓传》：死者神灵归赤山。赤山在辽东西北数千里，如中国人

死者魂神归泰山也。《三国志·管辂传》："谓其弟辰曰，但恐至泰山，治鬼不得治生人，如何？"……然则鬼论之兴，其在东京之世乎？

南北朝早期志怪小说中，如《搜神记》卷四之"胡母班"条，卷十六之"蒋济"条，均有今所见最早的泰山治鬼故事，今引前一则如下：

胡母班字季友，泰山人也。曾至泰山之侧，忽于树间逢衣绛衣驺，呼班云："泰山府君召。"班惊愕，逡巡未答。复有一驺出，呼之。遂随行数十步，驺请班暂瞑。少顷，便见宫室，威仪甚严。班乃入阁拜谒。主为设食，语班曰："欲见君，无他，欲附书与女婿耳。"班问："女郎何在？"曰："女为河伯妇。"班曰："辄当奉书，不知缘何得达？"答曰："今适河中流，便扣舟呼青衣，当自有取书者。"班乃辞出。昔驺复令闭目，有顷，忽如故道。遂西行，如神言而呼青衣。须臾，果有一女仆出，取书而没。少顷复出，云："河伯欲暂见君。"婢亦请瞑目。遂拜谒河伯。河伯乃大设酒食，词旨殷勤。临去，谓班曰："感君远为致书，无物相奉。"于是命左右："取吾青丝履来。"以贻班。班出，瞑然，忽得还舟。遂于长安经年而还。至泰山侧，不敢潜过,遂扣树,自称姓名:"从长安还,欲启消息。"须臾,昔驺出,引班如向法而进。因致书焉。府君请曰:"当别再报。"班语讫,如厕。忽见其父著械徒作,此辈数百人。班进拜流涕,问:"大人何因及此?"父云:"吾死不幸,见遣三年,今已二年矣,困苦不可处。知汝今为明府所识,可为吾陈之,乞免此役,便欲得社公耳。"班乃依教,叩头陈乞,府君曰:"生死异路,不可相近,身无所惜。"班苦请,方许之。于是辞出,还家。岁馀,儿子死亡略尽。班惶惧,复诣泰山,扣树求见。昔驺遂迎之而见。班乃自说:"昔辞旷拙,乃还家,儿死亡至尽,今恐祸故未已,辄来启白,幸蒙哀救。"府君拊掌大笑曰:"昔语君'死生异路,不可相近'故也。"即敕外召班父。须臾,至庭中,问之:"昔求还里社,当为门户作福,而孙息死亡至尽,何也?"答云:"久别乡里,自欣得还,又遇酒食充足,实念诸孙,召之。"于是代之。父涕泣而出。班遂还。后有儿皆无恙。

但是,这个东岳的级别、组织情况,特别是它如何掌握全国的鬼,在文献和志怪小说中从来没有明晰记录。可见当时的中国人对这问题想得不多,比较简单。附带说一下,早期汉译佛经音译古代南亚次大陆"地狱"之中的一种作"阿鼻"（梵语Avīci），有时也意译为"太山""泰山"。盖取魂归泰山之说以比附。

佛教传入后，引入了轮回的概念。所谓轮回，是梵文saṃsāra的意译，也作"生死轮回""轮回转生"等等，音译"僧娑洛"。意思是：如车轮回旋不停，众生在三界六道的生死世界循环不已。它本于"种姓"制度中的宗教观念。"种姓"源于葡萄牙语casta，又经过英语扩大传播的caste一词，汉语意译，音译"喀斯特、卡斯特、卡斯德"等。指的是古代南亚次大陆逐渐发展起来的特有的社会组织集团区分方式。梵语中没有和这个词语完全对应的词，那时的土著常常说的是梵语varna，音译"瓦尔那"等，意思是"色"，用于对人类，有"外貌，特征，种类"等丰富含义。另有一个词语jāti，音译为"阇提"等，有"生，出身"等含义。在一定的语言环境中，这两个词语指的都是这种制度。具体地说，它把居住在那个区域的人们区划为四大种姓和"贱民"五等，即是：

婆罗门，梵语brāhmaṇa的音译，掌管宗教事务并具有高度文化水平的"僧侣"阶层。

刹帝利，梵语kṣatriya的音译，掌管政权、军权的贵族、武士。

吠舍，梵语vaiśya的音译，广大农民、手工业者与商人。

首陀罗，梵语śūdra的音译，被视为不干净的、只能做

"低贱"性质工作的人。

此外，按印度教传统，还逐渐分化出最最下等的"贱民，不可接触者"，在四大种姓之下。在印地语中称之为achūt，音译"阿丘得"。实际上指的是多种操"低贱"职业的人，其中也包括从首陀罗中分化出来的某种"低贱"职业者在内。早期似乎没有一种统一的称呼。他们不能信仰印度教。需注意的是，自印度圣雄甘地等人大力提倡提高阿丘得的身份地位，并将他们纳入印度教系统之后，改称这种人为"哈里真"（印地语Harijan的音译），意译是"神之子"。

我们以上用相当篇幅介绍种姓制度，意思却是请读者注意：一方面，汉译佛典中确实有此种制度的反映，而且不少；另一方面，由于中国人，特别是隋唐以下的人，对此种制度不熟悉，所以不甚注意，以为不过是贵贱之分，职业之别，看得不很严重。例如，京剧大师尚小云演出《摩登伽女》（清逸居士编剧），剧情是：摩登伽夫人之女钵吉帝，害单相思，想阿难陀想得要死。其母作法把阿难陀拘来。阿难陀本是释迦牟尼佛的叔伯兄弟，出家后紧跟如来。他就是佛殿中释迦像两侧近侍之一"少阿难"（另一位是"老迦叶"）。阿难陀持戒，坚决不从，让母女俩折腾得够戗。如来派文殊去搭救。钵吉帝紧跟到佛的身边，佛为之说法，她终于入了佛门。在近现代中国人看来，这不过是洋丫头追洋少爷，故事并不新鲜，只不过加入了许多洋式法术罢了。实际上,"贱民"中操清扫街道等职业的一种人称为"旃陀罗"(梵语caṇḍāla的音译,意译"执恶、险恶人"等),居首陀罗之下位。摩登伽是梵语mātaṅga的音译,是属于此种姓的贱民之一(男性,女性梵语称mātaṅgi,音译"摩登祇"),梦想与刹帝利种姓的阿难陀恋爱,实在是一种"革命梦想"。按婆罗门教教义,属于大逆不道,其结局必然极惨。可是,故事中,如来竟然点化她皈依,可见,相对于婆罗门教来说,佛教很有"有教无类"的意思,在思想上是对婆罗门教的革命。

与种姓制度联系密切的"轮回"观念,是古代南亚次大陆婆罗门教的主要教义之一。佛教沿袭而加以发展改造,并注入自己的教义。古代南亚次大陆神话传说如《梨俱吠陀》中,就有种姓与轮回的思想以折射现实。婆罗门教发展之,认为四大种姓以及"贱民"在轮回中是生生世世永远传袭不可改变的。而且,前三个种姓的人能"再生",就是说有来生,而且下辈子还转生为本种姓的人。为此,还举行"再生礼"。首陀罗则不行,当然也不能行再生礼,因而还被称作"一生族"。从思想理论上说,这就起码从逻辑上堵塞了求上进之路。佛教察觉到这一毛病,提出新主张:在"业报"面前,"四姓"众生一律"平等"。据《杂阿含经》卷二十、《长阿含经》卷六等说,下等种姓今生积"善德",下世即可生为上等种姓,甚至生到天界;而上等种姓今生有

"恶行",下世亦可生为下等种姓,以至下地狱。由此还能说明,人世间不平等的原因在此。此种说法逐步完善,形成"六道轮回"。

在汉化佛教中,更具体地推行六道轮回的说法:一切有生命的"众生",包括人在内,统统被安置在六种不同的环境中,这六种情况叫"六道",也叫"六趣",由低到高排列为:地狱道,饿鬼道,畜生道,阿修罗(一种恶神,梵语Asura的音译)道,人道,天道。众生按照个体本身某一阶段(如人的一生可算一个阶段)的前因后果,各种因缘,如车轮回转一般,在下个阶段转入六道中的某一道。它们是众生轮回的道途,故称"六道";众生各乘因业而趣(趋)之,故称"六趣"。不用说人,天神也难免轮回。只有佛、菩萨、缘觉(独立修行成道者,属菩萨级别。梵语pratyeka-buddha的意译)、声闻(罗汉中亲聆佛旨者),已跳出轮回之外,进入四种永存极乐的世界。由高到低排列为:佛界,菩萨界,缘觉界,声闻界,合称四圣界。六道四圣又合称"十界"。四圣界在佛祖直接管辖之内,不入轮回。入轮回的六道就要先到地狱中走一走,在那里根据自己一生中的善恶的因果,接受裁判,形成报应。这就是"业报"。例如:今生是人,作恶多端,来生可能变猪、变狗。做了尽忠于主人的狗,来生还可能转生为人。如此循环不已。

这个"轮回—因果报应—地狱"的设计是佛教传入的,

但是中国人向来不愿意放弃主权，而且总是想把舶来品就地改造为伏地货。于是将地狱加以汉化改造，将其与东岳有机结合，最后演化成十殿阎王系统。而且，连阎王都得通过轮回，如中国的官僚一样可以换人换届，这全是中国人的创造。中国古代的小说中，不涉及神、鬼的极少，涉及宗教，则魏晋以下，必然和以上的概念相联系，而且越变花样越多，逐渐脱离佛教，而成为民间信仰。乍一看，十殿阎王纯粹是中国人自己的事，其实，它的背后有佛教的影子在。如早期的前生故事：

> 羊祜患头风，治之。祜曰："生三日时，首向北户，觉风吹，意甚患之，不能语耳。病源既远，不可治也。"
>
> （曾慥《类说》卷十一）

在这则故事中宣扬的是羊祜的夙慧，能记忆初生三日之事。在《晋书·羊祜传》中则更进一步说羊祜能记得前生的事："祜年五岁时，令乳母取所弃金环。乳母曰：'汝先无此物。'祜即诣邻人李氏东垣桑树中探得之。"这明显地是受了佛教"转世"说的影响。

为了形象地说明轮回，中国人早就借鉴佛教"本生经"等转生故事，发明了一种能记忆三生甚至多生的故事。这类故事堪称中国人的发明创造。这种创造在明清时代达到了顶峰。例如《聊斋志异》卷八的《蒋太史》和《邵士梅》等均是。今录《蒋太史》如下：

> 蒋太史超，记前世为峨嵋僧，数梦至故居庵前潭边濯足。为人笃嗜内典，一意台宗，虽早登禁林，常有出世之想。假归江南，抵秦邮，不欲归。
>
> 子哭挽之，弗听。遂入蜀，居成都金沙寺；久之，又之峨嵋，居伏虎寺，示疾怛化。自书偈云："悠然猿鹤自来亲，老衲无端堕业尘。妄向镬汤求避热，那从大海去翻身。功名傀儡场中物，妻子骷髅队里人。只有君亲无报答，生生常自祝能仁。"

这在当时似乎是很流行的一种神异的奇谈。另外还写有同此内容的：王士禛《池北偶谈》卷八的《谈献四·蒋虎臣》、卷二十四的《谈异五·邵进士三世姻》，褚人获《坚瓠秘集》卷一的《蒋虎臣》，赵吉士《寄园寄所寄》卷十的《驱睡寄》，吴光的《邵峰晖两世姻缘传》，钮琇《觚賸》卷二的《吴觚中·邵邑侯前生》，曾衍东《小豆棚》卷十六的《杂记·邵士梅》。这些篇全写了轮回和由轮回因果而产生的因缘。最早对因果变化作形象化说明的，是唐人传奇《圆观》，这个故事说明一个人有来生，且能预见到来生，由于前生因缘不断，来生还要见一面以了结此因缘；同时还能说明因果是从佛教而来，未脱离佛教的本根。后来的三生转世故事，则脱离佛教，成为由阎王爷管理的事了。

这样又出现了问题：为何大多数人不知道自己的三生？小说给予解答：人们进入轮回时，尤其是变人时，必须经过黄婆开的酒店，那是由鬼至人的中转站，黄婆送你一碗"黄汤"（令人想起中国人很早就会酿造的黄酒而不是宋元后才盛行的白酒）——迷魂汤，使你忘了前生。极个别的偷偷倒掉黄汤没喝，就记住了前生。这个圆满解释是小说家替宗教完成的。例如，《聊斋志异》卷一的《三生》中说，刘孝廉能记得前生事，前生做了很多恶事，六十二岁死了，见到冥王。冥王招待他喝"茶"；他发现给他的茶很混浊，知道是迷魂汤，于是他乘冥王不注意，倒掉了它。一会儿，因为他前生作恶，被罚做马，派到一个人家，尽管心里明白，但口不能言，十分痛苦，终绝食而死。再入冥间，因其所罚期限不满，又被罚做狗，被主人杖杀。又被冥王罚做蛇，终被再次批准为人，成为刘公。这位刘公的前身在阴间蒙阎王亲自招待喝茶，乃是特例。这恐怕是为了引出检查行善作恶的记录，这个记录就是判官手中的生死簿。据小说家说，生死簿上除了对此人的生死期限、一生经历（特别是行善作恶情况）等有详细记录外，对他一生所吃粮食和酒肉等都做了预算，吃完了到阎王爷处报到。如《聊斋志异》这类小说中就常写有这些,说是某某人的"食禄",俗称"衣食罐"。"衣食罐满了",阳寿告终。这也从侧面表现出,中国人是讲求饮食文化的民族,所以中国人才对饮食如此重视,也只有中国人才能开出这种酒饭账单来。

六道轮回在中国小说中常表现的有人、鬼、畜生三道。阿修罗这一道似乎不太表现,或者说就包含在饿鬼道之中了。至于神道和仙道,似乎比人高,但他们是与人道互通的。自从有了托生的观念,中国小说家大大地灵活运用,谁托生什么全可。比如《西游记》中的天神被贬"下界":沙僧是因为打碎了琉璃盏,猪八戒是因为调戏了嫦娥,都被贬到下界。八戒还经过托生。八戒说:"一灵真性,竟来夺舍投胎,不期错了道路,投在个母猪胎里,变得这般模样。是我咬杀母猪,打死猪崽,在此处占了山场,吃人度日。不期撞着菩萨,万望拔救,拔救。"掩卷细想,真是匪夷所思。只有中国小说家,在佛教思想的启发下,才能创造出这样一个奇特产物来。

和因缘有关的是"姻缘"问题。"姻缘原是旧因缘",男女的"姻缘"包括在前因后果的"因缘"之内。它原属佛教思想范畴,后来经小说家灵活运用,脱离本根,已成民间信仰。结果是把男女间婚姻以至于"婚外情"的"姻缘",认为是前生已经注定的因缘,不能改变。典型的例子是《定婚店》:杜陵韦固是个孤儿,想娶亲,多次求婚不成。元和二年，他在清河宋城南店遇到一位携有一个袋子的老人，这位老人来自幽冥界，专门掌管婚事。他对韦固说，袋子里装有红绳子，早就在暗中把两口子的小腿拿红绳子系在一块儿了，不管天南海北，两口子终归会到一起的。老人向韦固指出，他未来的妻子是本地卖菜商贩老妪的3岁的女儿。韦固嫌未来的岳母地位太低，姑娘岁数太小而且穿得褴褛不堪，与自己不般配，于是派人去杀小女孩，没有刺死。14年过后，韦固娶亲，发现仍是老人所说的那位已经长大了的女郎。他明白了"阴鸷之定，不可变也"。小说写得很精彩，让人想起更精彩的一副联语，那就是西湖月下老人祠的对联：

  愿天下有情人，都成了眷属；
  是前生注定事，莫错过姻缘。

  对不是明媒正娶、白头偕老的"因缘"，那些婚外情，中国人创造出"情缘"这个词语来。特别在小说戏曲中，中国人把"情缘"发挥得淋漓尽致。可以说，如果没有情缘，中国古代的小说戏曲就会大大减色。
  情缘往往又和轮回结合，也就是说，把人和神道、鬼道、畜生道中能转化为人的因缘中化为情缘的那一部分结合，从而演化出许许多多离奇的情缘故事。这类故事太多，请读者自己去阅览吧。

四

以实求实地说，因"地狱"的完整概念由佛教传入，中国人无论如何改造，佛教徒也得掺和进来一些。汉化佛教就派地藏菩萨（梵语Ksitigarbha的意译）来做地狱的最高主管。可是，从原则上说，中国僧人是不参与俗家事务的，所以，"地藏王"并不处理一般性的工作，他的地位似乎凌驾于十王之上。

但是，与中国人传统思想背离太大的安排，中国人就不太能接受了，往往就地改造。例如，在古代南亚次大陆神话中，掌管地狱的是男女"双王"，男王是"阎摩王"（梵语Yama-rāja的音加意译），女王是"阎蜜"（梵语Yamī的音译），他们是孪生兄妹，分管男女二牢狱。这不合中国国情，于是阎蜜的最高主管权被暗中取消，阴阳二界均以女牢头代之，并且身份大大降低，阎蜜本人在中国也失踪了。再如，古代南亚次大陆神话中，地狱（梵语naraka的意译）多种多样，有八大八小寒热地狱之分，合共一百三十六地狱。另据《观佛三昧海经》卷五所载，光是"阿鼻地狱"就有十八种，每一种至少又可分出十八种，多的则有五百亿。中国人的法典久已规范化，于是据十八之数加以简化，整理出自己的十八层地狱来。所以,有人说中国的地狱对应的与简化改制的是Avīci,而不是据naraka照单全收,应以"阿鼻"与中国地狱相对应。这种说法,在一定程度上是对的。

中国人自己创造的地狱,由中国人自己创造的"十殿阎王"具体管理。那正是中国官员、吏胥以至衙役等人的折射性写照。

五

最后,要讲一讲最直接的、为佛教服务的一些带有文学性质的作品,这就是"释氏辅教之书",直接称呼它的专名词是"感应记""功德记""灵验记"等。它们是一个个类似于现在的微型小说一类的短篇故事。主人公通常只是一个人,故事记叙他念佛,常常是诵读某一部具体的佛经,因而在危难时,产生了转危为安的显著效果。这种危难常以落入地狱的形式出现,最后仗着原来念佛的功德和答应继续读、诵、抄、写、传布某种佛经,转危为安。这种形式的作品在南北朝时期已经出现了,从结集的形式看,大约有以下几种:

1. 将数十以至成百则这类故事编成一部志怪小说类型的书。如王琰《冥祥记》、王曼颖《补续冥祥记》、陆果《系观世音应验记》、佚名《祥异记》等。其中,《冥祥记》部头较大，所存遗文较多，可以说是这类书的代表作。此书序称"镜接近情，莫逾仪像；瑞验之发，多自此兴"。看来原书多记佛像瑞验之事，不过遗文中仅存数条，如：

> 晋世沙门僧洪住京师瓦官寺。当义熙十二年时，官禁熔铸，洪既发心铸丈六金像："像若圆满，我死无恨。"便即偷铸。铸竟，像犹在模，所司收洪，禁在相府，锁械甚严。心念观世音，日诵百遍。便梦所铸金像往狱，手摩头曰："无虑。"其像胸前一尺许铜色焦沸。当洪禁日，感得国家牛马不肯入栏，时以为怪。旬月敕至彭城，洪因放免，像即破模自现。

2. 在某部佛经之后，有组织地记录若干条有关持诵这部经的灵验和功德。如敦煌遗书卷子伯二〇九四号，其中录有"持诵《金刚经》灵验功德记"，是十九则同类故事的总汇。兹录两则：

> 昔梁时招提寺僧琰师初作沙弥时，有相师语琰曰："师（狮）子虽大，聪明智慧，无那相王短命，如何？"琰闻此语，遂请大德，共详其福："修何功德，更得延年？"大德云："佛教圣言，依法受持《金刚般若》，功德最大，必得延年。"琰时奉命，遂即入山，

受持《般若》。经六年出来,更见前相师云:"法师此来修何功德,长寿殊相,顿能如此?"琰便具说:"前者被相寿短命,遂以入山,受持《金刚般若》,更无余业。"师曰:"不可思议。"因兹功德。遂为大德法师,年过百岁,方始受(寿)终。

遂州有人,贞观元年死,经三日得活,说言:初死之时,被人遮逐,同伴数人至阎罗王所,中有一僧,王见先唤:"师来,一生已来,修何功德?"师答曰:"唯诵《金刚般若波罗蜜经》。"王闻即起,合掌赞言:"善哉!既是受持《金刚般若波罗蜜经》,当得升天,何因错将来至此?"王言未讫,即见天衣下来,引师上天去也。王乃覆坐,次问遂州人:"汝等从昔已来,作何福报?"云:"一生已来所诵经典,好习庾信文章,诸子集录。近来学诵《金刚般若经》,犹自未得。"王曰:"大罪人,汝见识不?"报云:"虽读庾信文章,实不识面。"王即遣示若人,乃见大龟,一身数头,人言:"此是庾信。"龟去少时,王言:"此人学诵《金刚般若》,且令放出来。"见一人云:"我是庾信,生存之日,好引诸经,用作文章,或生诽谤,毁訾经文。今受大罪报:向见龟刑(形)。"是以苏活,说此因缘。众人伤悲,悉知是实。其遂州人土地多是移人，猎生害命充食，当时知见，共相识：断除煞害。因得发心，悉共受持《金刚般若经》，信受恭敬。

3. 某一部佛经之后录有单独的一段感应记，一般篇幅较长，故事较曲折，如敦煌遗书卷子中有二十多个抄写《金光明经》的卷子，在抄写《金光明经》的卷子经文前，都录有《忏悔灭罪〈金光明经〉传》，讲的是张居道入冥的故事。有的卷子甚至未抄经文，专录这则故事，看来是为正式抄经做准备的，先抄一份这样的开头存着，如果施主只要经文，就另抄，不附这种开头。这个故事颇为曲折有趣，录全文如下：

> 昔温州治中张居道，沧州景城县人。未莅职日，因嫁女事，屠宰诸命——牛羊猪鸡鹅鸭之类。未逾一旬，卒得重病，绝音不语，因而便死，唯心尚暖，家人不即葬之。经三夜便活，起坐索饮。诸亲非亲、邻里远近闻之，大小奔赴。居道说由缘：初见四人来，一人把棒，一人把索，一人把袋，一人着青，骑马戴帽，至门下马，唤居道著前，怀中拔一张文书，示居道看，乃是猪羊等同词共诉居道。其词曰："猪等虽前身积罪，合受畜生之身，配在人间，自有年限，年满罪毕，自合成人。然猪等自计受畜生身化时未到，遂被居道枉相屠

煞，时限欠少，更归畜生。一个罪身，再遭刀机，在于幽法，理不可当。"裁后有判："差司命追过。"使人见居道看遍，即唱三人近前，一人以索系居道咽，一人以袋收居道气，一人以棒打居道头，反缚居道两手，将去直行，一道向北，行至路半，使人即语居道："吾被差来时，检你算寿，元（原）不合死，但坐你煞尔许众生，被怨家言讼。"居道即云："俗世肉眼，但知造罪，不识善恶；但见俗人煞害无数，不曾有验现报。而居道当其凶首，缄口受死，当何方便，而求活路？自咎往误，悔难可及。"使人曰："怨家债主三十馀头，专在阎罗王门底陈情，待至我辈入道，当由其侧，非但王法严峻，但见怨家，何由免其蹎顿之苦？"居道闻之，弥增惊怕，步步倒地，前人掣绳挽之，后人以棒打之。居道曰："自计往误，诚难免脱。若为乞示余一计较，且使免逢怨家之面，阎王峻法，当如之何？"使人语居道："汝但能为所煞众生发心愿造《金光明经》四卷，当得免脱。"居道承教，连声再唱："愿造《金光明经》四卷，尽身供养，愿怨家解释。"少时望见城门，使人引向东，入曲向北，见阎王厅前，无数亿人，问辩答疑，着枷被锁，遭扭履械，鞭挞狼藉，哀声痛响，不可听闻。使人即过状阎王，唱名出见，王曰："此人极大罪过，何为捉来迟晚，令此猪等再诉？急唤诉者将来。"使人走出,诸处叫唤,求觅所诉命者不得,走来报王:"诸处追觅,猪等不见。"王即更散遣人,分头巡问,曹府咸悉称无。王即帖五道大神,检化形文案,少时有一主者把状走来,其状云:"依检:某日得司善牒,报世人张居道为煞生故,愿造《金光明经》四卷。依科:其所遭煞并合乘此功德,随业化形。牒至准法处分者:其张居道怨家诉者,以某日准司善牒,并判化从人道生于世界讫。"王即见状,极怀欢喜,曰:"居道虽煞众生,能设方计为其发愿修造功德,令此债主便生人路。既无执对,偏词不可悬信,判放居道再归生路。当宜善念,多造功德,断肉止煞,勿复悭贪惜财,不作桥梁,专为恶业。"于是出城,如从梦归。居道当说其由缘,发心写经一百,馀人断肉止煞,不可计数。此经天下少本,询访不获,躬历诸方,遂于卫州禅寂寺检得抄写,随身供养。居道及至当官之日,合家大小悉断肉味。其温州安固县丞妻,病经一年,绝音不语,独自狂言,口中唱痛,叩头死罪,状有所诉。居道闻之,为其夫说:"如此之状,多是怨家债命文案未决,命故不绝。自当思忖。"省悟已来,由缘所煞害生命,急为造《金光明经》,分明忏唱。此经侧近无本,唯居道家有此经。县丞依遵其教,请本雇人抄写,未毕,妻便醒悟,说云:"状如眠梦昏昏,常有鸡猪鹅鸭,一日三回，竟来咬啮，痛不可当。从来应其到时，遂乃不见。唯有或猪或羊或牛或鸡之类，皆是人身，来与我别，云：'虽是怨家遭你屠害，以你为我敬造功德，所以令我得化形成人，今与怨家解散，不相逮情。'语讫即去，因尔不复如此。"病即轻差（瘥），平复如本。当此之时，温州一郡所养鸡猪鹅鸭肉用之徒，悉皆放生，家家断肉，人人念善，不立屠行。爰及比州邻县，闻此并起净行，不止一家。当今所煞无所征效者，斯是众生业满合死，故无报应，只是尽人身，还作畜生，被他屠煞。若众生日限未足，遭人煞者，立被讼注。世人卒死，及羸病连年累月，眠中唱痛，狂言或语，并是众生执注，文案一定，方始命断。一切众罪，忏悔皆灭，唯有煞生，忏悔不除，为有怨家专心讼对。自非为其修造功德经像，或被人所遣，或事计难禁。煞事不已者，当生惭愧，为其伤叹，将刀所煞，如割己肉，或炫卖与人；取其财价，以为丰足。一（宜？）造一本，分明忏唱，令此功德资及怨家早生人道，持讼自休，不复执逯逮。善男子善女人等明当诫之。

附带说一下，《敦煌变文集》中，那一篇有名的《唐太宗入冥故事》（拟题，残卷），迭经学者研究，大致可以肯定，这则故事似为持诵《大云经》的功德记或感应记。

4. 以上这些成部单行的或附于佛经后的感应故事，又常被某些和尚传记或佛家历史著作所采摘，例如梁慧皎撰《高僧传》，就采用了许多《冥祥记》的材料。这种材料经过一代一代的辗转抄袭使用，越说越玄。例如：《续高僧传·智藏传》中载有梁时开善寺藏法师故事，到了敦煌遗书卷子中，所录的感应记渲染程度大大增加，这样做当然是为了加强宣传效果。

白化文文集

神通变化：小说助成了神佛

一

宋元以下的中国小说，特别是集神魔小说大成的《西游记》与《封神演义》，在使佛教寺院中的神与菩萨汉化方面，做出了非凡的努力。可以说，这种汉化与改造，从山门口就开始了。

明清以来，佛寺山门常盖成殿堂式，至少是把中间的一座盖成殿堂，叫山门殿或三门殿。殿内塑两大金刚力士像。金刚力士是手执金刚杵守护佛法的护法神。据《大宝积经》卷八《密迹金刚力士会》说，金刚力士原为法意太子，他曾发誓说，皈依佛法后，要常亲近佛，当做金刚力士，普闻一切诸佛秘要密迹之事。他后来成为佛的五百名执金刚随从侍卫的首领，称为"密迹金刚"（梵语Guhyapāda vajra的意译，也译作"金刚力士"）。当了卫队长，自然有做"传达室"看门的任务。可是外来的"金刚力士"只是一个人，所以中国早期佛教造像中，看门的金刚力士像只有一尊，对应的像常以鸠摩罗（梵语Kumāra的音译，意译"童子"）为配。后来鸠摩罗也自动离职，剩下的只有金刚力士一位啦。因为不合乎中国人爱对称的习惯，再后来又添上一位——姑且算是"化身"吧。这种增加，与佛经中的说法不一致，于是有人提出质问，但没有人能解释清楚。隋唐之际流行的为佛经作的注疏之一《金光明经文句》给出的解释很含糊，称：据经文，金刚力士只是一位，现在寺院里却有两尊像，乃是适应外界情况变化，多一位也没什么。因为没有更好的解释，也就姑从此说了。

　　现今寺门左右的金刚力士像，都是面貌雄伟，作愤怒相，头戴宝冠，上身赤裸，手执金刚杵，两脚张开。其不同者，只是左像怒颜张口，右像忿颜闭唇。由于一位张口一位闭口是两位金刚的主要区别所在，从而产生出对此情况加以解释的附会传说。据说，左像开口发"阿"声，右像闭唇发"吽"（hōng）声。按佛家说法，这两个声音原是梵语字母表中开头与结尾的两个音，佛家认为，它们有神奇色彩，一开一合，是一切言语声音的根本（基础）。"阿是吐声权舆，一心舒遍，弥纶法界；吽是吸声条末，卷缩尘刹，摄藏一念。""恒沙万德，莫不包括此二音两字。"说得神乎其神。可是俗人哪懂这些，他们追求别的解释法。《封神演义》中想使这两位金刚进一步汉化，就说他们是哼哈二将郑伦、陈奇死后封神而成。这就把梵语的"阿""吽"二音轻轻掉舌一转，转成汉语中富于感情色彩的"哈""哼"两个象声词，非常通俗化了。当然，有些佛教徒认为，那不过是小说家编造的戏言。但据说，在云南有的寺院山门内就塑有骑火眼金睛兽的哼哈二将。可见，世俗人等，包括佛学水平不高的僧人，爱的还是汉化了的土生土长的东西，哪怕它是小说也罢。

再看天王殿的四大天王。

古代南亚次大陆的神话说，须弥山腹有"四天王天"。"四天王天"这个词是梵语Caturmahārājika-deva的汉文意译。四天王天是四天王及其眷属的住处。——注意：佛教把佛、菩萨、天王的近侍、随从、信徒统称为"眷属"，与世俗的通用意义不同。据说这四天王天就在那古老神话中著名的须弥山（梵语Sumeru的音译）的山腰。那里耸立着一座较小的山，叫做犍陀罗山（梵语Gāndhāra的音译）。此山有四个山头，四天王及其眷属分住其上。四大天王的任务是："各护一天下"，即掌握佛教传说中的须弥山四方人类社会的东胜神、南赡部、西牛贺、北俱芦四大部洲的山、河、森林、地方。所以又称为"护世四天王"。从他们的工作看，似乎相当于武装警察的头儿。

四大天王来华，途经西域，沾染上于阗一带的风习——据有人考证，他们头上戴的鸟形（"金翅鸟"或"凤凰"或"孔雀"，说法不一）冠，冠旁的两条飘带，就是西域王者的打扮，与南亚次大陆不同。总之，面目为之一变。在汉化寺院中长期驻扎下来的时候，已是隋唐时代。身上的铠甲，又是当时汉族武将的穿着。总体上看他们的扮相，像汉化了的西域武将，与古代南亚次大陆别的神很不相同。再经过不断汉化，到明清时定型成现在寺院中所见的样子了。

北方多闻天王在四天王中最为突出。他的称呼由梵语音译为汉语是"毗沙门"（Vaiśravana）。据说，他就是古代南亚次大陆神话中的天神俱毗罗（梵语Kubera的音译），别名施财天（梵语Dhanada的意译，意思是"财富的赠与者"）。他在南亚次大陆古代伟大史诗《摩诃婆罗多》（梵语Mahābhārata的音译，意为"伟大的婆罗多王后裔的事"）等书中就出现过。在这些古神话中，他是北方的守护神，又是财富之神，相当于中国的财神爷。吉祥天女（梵语Śrīmahā-devī的意译）和他关系密切，据说是他的妹妹或妻子。在古代南亚次大陆古老的吠陀（梵语Veda的音译，意译"明解"等，婆罗门教奉为圣典）神话中，这位多闻天王本是帝释天的部下。帝释天（Indra）音译是因陀罗，意思是

"天老爷"，是人间英雄与天上的自然威力的结合，是雷霆暴雨的人格化。帝释天的部下大部分是武士与战将。可是，到了佛教经典内，帝释天的地位下降了，毗沙门天王等也就逐渐脱离了他，自树一帜。在中国佛教中，他们逐渐地都成为佛教护法神"二十天"中的成员，看不到有什么统属关系，完全平起平坐啦！回过头来再说毗沙门天王，他既能保护良民，又能"赐财"于人，谁不敬爱。于是他在四天王中信徒最多。敦煌所出毗沙门画像（特别是其中的画幡）中，就有这位天王渡海行道之际，散布异宝金钱的画面。

唐代产生了这样的传说：天宝元年（742年），安西城被番兵围困，形势危急。这时，毗沙门天王在城北门楼上出现，大放光明，并令"金鼠"咬断敌军弓弦，三五百名神兵穿金甲击鼓，声震三百里，地动山崩。番兵大溃。安西表奏，玄宗大悦，令诸道城楼置天王像。这样一来，毗沙门天王在盛唐至晚唐，以至五代、宋代，香火极盛。《水浒传》中林冲看守的"天王堂"，就是唐代敕建的专供北方天王的庙堂。

还可以看到，北方天王在唐代汉化寺院中香火之盛，远在其他三天王之上。有时，释迦牟尼佛的左胁侍是吉祥天女，右胁侍是毗沙门天王，真可谓一门眷属德容威神焕赫熙怡。这却是有经典依据的。因其势力大，还影响到对"眷属"出镜上台的安排。其他三位天王的眷属可就阒其无闻了。毗沙门有五位"太子",其中第三太子"那吒"(梵语Nalakūvara的简略音译)最有名。唐代流传下来的毗沙门及其眷属像多见于敦煌石窟所出。画面展示:身作金色,着七宝金刚庄严甲胄,戴金翅鸟(或说是凤凰)宝冠,带长刀,左手持供释迦牟尼佛的宝塔,右手执三叉戟(有把戟画成"4"字形的,也有画执宝棒或执长稍的)。天王右边是五位太子和夜叉、罗刹等部下;左边有五位行道天女和天王的夫人。还有为他打着幢盖(王者的标识)的狞恶鬼卒相随于后。到了宋元以后,特别在明清两代,中国汉族地区佛教进一步汉化,和本国的传说相调和。四大天王也进一步汉化。这也首先表现在毗沙门天王身上。唐代的狂热崇拜已成过去,他的身份逐渐与另外三位天王平等,不再特殊化。"财神"的兼职也被暗中取消。

最值得注意的是,虽然不是由《封神演义》创始的,现知却是在《封神演义》中塑造定型最终完成的;以毗沙门的形象及其眷属为原型与借鉴,中国小说家塑造出"托塔李天王"一家人来。

《封神演义》用开头好几回的篇幅来描绘后来在《西游记》等小说戏曲与民间传说中称为"托塔李天王"的李靖一家人,特别是"哪吒"的出世。"哪吒"显然是"那吒"的化身。"那吒"最早出现于汉译密宗系统的佛教经典中,如《最上秘密那拏天("那拏天"是"那吒"的另一音译)

经》《北方毗沙门天王随军护法仪轨》等均有记载。后来中国和尚自作的《祖庭事苑》卷六，《宋高僧传》卷十四中的"道宣传"，《五灯会元》卷二中的"西天东土应化圣贤"等处，更有添油加醋的记录。据说他是毗沙门天王五太子之一，乃守护佛教之善神，有五头六腕。他曾析骨还父，析肉还母，现出无物无我状态之本来身，并以大神力为父母说法。到了明初出版的《三教源流搜神大全》卷七所载，名字已由"那吒"变成"哪吒"；故事也长多了，丰富多了，和《西游记》第八十三回对哪吒出身的简述差不多，《封神演义》第十二回到第十四回所述也大致如此，不过细节更加丰富生动。这三者渊源所自的故事究竟本源何在，如非一源，则所遵者谁先谁后，谁影响谁，恐怕很难稽考了，说不定同出一祖呢。

还是看看小说家独到的创造吧。他们一方面创造出李靖这么一个大活人，连"化身"法都不用，直接使毗沙门天王变成汉人；另一方面，又让李靖的儿子哪吒代替了那吒。哪吒化洋归土，变佛为仙神。其中夺胎换骨、点铁成金之处，少说也有两处。

一个是"莲花化身"。应该说明，中国秦汉时原来没有对莲花的特殊热爱，更没有赋予它丰富的比喻义。中国人重视莲花，并以伏地莲花比附南亚次大陆包括睡莲在内的多种莲花，那是佛教输入之后的事了。连理学家创作的名篇《爱莲说》，本根均在佛门，盖无疑义。可是，中国小说家把"莲花化身"搞得非常具体而灵活得用。说具体，《三教源流搜神大全》中已颇见端倪，《封神演义》又较之具体生动多了：

哪吒受了半年香烟（按：受香烟一段，据现知，是《封神演义》首见，引起后来战李靖，李靖托塔等情节，环环入扣），已觉有些形声。一时到了高山，至于洞府。金霞童儿引哪吒见太乙真人。真人曰："你不在行宫接受香火，你又来这里做什么？"哪吒跪诉前情："被父亲将泥身打碎，烧毁行宫。弟子无所依倚，只得来见师父，望祈怜救。"真人曰："这就是李靖的不是。他既还了父母骨肉，他在翠屏山上，与你何干！今使他不受香火，如何成得身体？况姜子牙下山已快，也罢，既为你师，就与你做件好事……"叫金霞童儿："把五莲池中莲花摘二枝，荷叶摘三个来。"童子忙取了荷叶莲花，放于地下。真人将花勒下瓣儿，铺成三才；又将荷叶梗儿折成三百骨节：三个荷叶，按上中下，按天地人。真人将一粒金丹放于居中，法用先天，气运九转，分离龙坎虎，绰住哪吒魂魄，望荷叶里一推，喝声："哪吒，不成人形待如何！"只听响一声，跳起一个人来：面如傅粉，唇似涂朱，眼运精光，身长一丈六尺——此乃哪吒莲花化身。

　　　　　　　（《封神演义》第十四回）

　　奇更奇在这莲花化身灵活得用。你看他竟无三魂七魄，可又是个活生生的人，因此，在战场上大占便宜。凡是用勾魂术的，如"呼名落马"的张桂芳，鼻哼白光的郑伦，头顶现红珠的丘引，手持招魂幡的法戒，祭起"四肢酥"的龙安吉，哪吒是天生的不惧。余化的化血刀见血封喉，哪吒受刀伤后也能延宕时辰。如此塑造人物，既在常人意想之外，又在神魔小说容许的情理之中，使人叹为观止。

　　另一点铁成金处是哪吒脚踏的风火二轮，也够神的：

　　　　把脚一蹬，驾起风火轮。只听风火之声，如飞云掣电。

　　　　　　　（《封神演义》第十四回）

　　按，南亚次大陆古代贵族盛行用马拉战车作战与狩猎，逐渐将战车神化，认为它无坚不摧。单个的车轮，常作为这种神化的象征物绘出，称为"轮宝"。这轮宝是金属制成，分金、银、铜、铁四种。据说"转轮王"能自天感得轮宝，转动轮宝（似为手持转动），降伏四方，是征服世界的大王。又说此王驾轮宝飞行空中，亦称"飞行大帝"。佛教袭用其说，有四大转轮圣王的说法。释迦牟尼佛未出家前，其父希望他做世俗的转轮王；成道后，转法轮，成大法王，法轮常转。那佛化了的车轮标识，也被定为世界佛协的会徽。可是，真正继承了转轮神话的精神，并把它发展改造得更加神乎其神的，还得算中国小说家。您看，两脚各蹬一轮，那轮子自然发风冒火，自动开行，陆地空中两用，每使对阵敌将为之丧胆。

风火轮真是一种基于现实与神话，而又发展了神话和超乎现实的带科幻意味的想象。

后来，在《西游记》等书中，李靖当了天兵总司令，哪吒充任前部先锋官。可是战不过孙大圣，远不如《封神演义》中那样神气了。又衍生出一个红孩儿，脚蹬风火轮，手执火尖枪，俨然又一个小哪吒。但因哪吒的形象在《封神演义》中太光辉夺目，以致这位仿制品显得轻飘飘的，哪吒的那些法宝也不好让他继承，只有捶鼻子出血是一个新招。

汉化后的毗沙门天王，其宝塔和戟连同托塔天王的名号，全都被李靖取去，眷属（特别是在外出行动时为他打王者幡盖的夜叉）也都离他而去，只好自己打幡盖。后来幡盖被附会成伞。《封神演义》中说他掌"混元珍珠伞"一把，职"雨"，盖因打伞和下雨有关。近代汉化佛寺中，这位天王不是持伞就是挂着长柄幡。

另外三位天王，来华后也经过不断汉化改造。东方持国天王（梵语Dhṛtarāṣtra的意译，音译是"提头赖吒"）：身白色，穿甲戴胄，左手把刀，右手执稍（南北朝至隋唐时一种长矛）拄地。也有手执弓矢的。南方增长天王（梵语Virūdhaka的意译，音译是"毗楼勒叉"）：身青色，穿甲胄，持宝剑。西方广目天王（梵语Virūpākṣa的意译，音译是"毗楼博叉"）：身红色，穿甲胄，左手执稍，右手把赤索，也有仅一手持宝剑的。以上所说，都是这几位天王在中国早期特别是唐代佛教画像中的典型形象。

元代塑像，东方天王手里拿的东西换了琵琶；明代塑像，北方天王手里拿的东西换了雨伞；清代塑像，西方天王手里拿的东西换了像蛇一类的动物，也有塑成龙头蛇身的。另一手持宝珠，取龙戏珠之意。更有手握着一匹尖嘴大老鼠之类动物的（此物也有塑在天王脚下的）。

原来广目天王的"广目"之义为"能以净眼观察"，大概是由南亚次大陆古代猎手之神变来，手持羂索（一种当时用来套缚兽类的五彩线绳，类似套马索），身后跟着猎豹类动物。猎豹是西亚伊朗一带的动物。由于唐代以后的中国人简直不曾见过，便凭想象塑成一种像能吃蛇的獴那样的动物，取名叫"花狐貂"；大概又觉得大将持绳有失身份，于是根据西方天王统领诸龙的另一传说，把绳子变活成蛇类（井绳变成活蛇，足显中国人的灵活想象力），取名叫"紫金龙"。蛇是可以顺着捋直的，对长有长毛的貂类动物顺着毛抚摸也能安抚住，故西方天王职"顺"。

今日佛寺所见四大天王形象，基本上根据《封神演义》中的描述塑造而成，其汉化更为彻底。《封神演义》中说，四大天王本是中国武将"佳梦关魔家四将"，死后才经姜子牙开封神榜派去西方做四大天王。至此，四大天王变成了地道的华裔人外籍持绿卡神祇。但是，在汉化佛教殿堂中，转回来还可再为中国信士服务。至于毗沙门天王分出的化身托塔李天王，以及他的三个儿子，特别是哪吒，经过《封神演义》《西游记》和戏曲的连续塑造，早已脱离本根，在群众中家喻户晓的程度也远远超过四大天王了；汉族潜移默化消化改造外来事物的能力，实在巨大。同时也证明了，外来事物，只有扎根分蘖，土生土长，适应当地气候，才会焕发出新的生命。就连汉化佛教中四大天王的兵器，也经过了汉语"双关"式的改造：

增长天王魔礼青　掌青光宝剑一口　职风
广目天王魔礼红　掌碧玉琵琶一面　职调
多闻天王魔礼海　掌混元珠伞一把　职雨
持国天王魔礼寿　掌紫金龙花狐貂　职顺

至此，四大天王就成为汉化了的护国安民、风调雨顺的佛教天王。

至于天王殿内与大肚弥勒佛背靠背的韦陀（驮）天，恐怕从一开始就是由中国人创造的。据说，他的原型极可能是南亚次大陆神话中的鸠摩罗天（梵语Kumāra-deva的音加意译，意译"童子天"），此神面如童子。后来鸠摩罗和古代南亚次大陆古老神话中的"战神"塞建陀（梵语Skanda的音译）的形象逐渐经中国人混同，塑造出一位"韦陀（驮）"出来。这二位原型影响了中国韦陀，韦陀的塑像特点是"童子面貌，将军威严"。履历也经过新造：唐代高僧道宣梦见一位"韦将军"，自称是"诸天"之子，主领鬼神。释尊在入涅槃前，令韦将军在南赡部洲（佛经中世界四大洲之一，中国在此洲）护持佛法。从此故事生发，说韦将军是天人韦琨。并说，四大天王部下各有八将军，合为三十二将。韦将军是南天王部下八将军之一，居三十二将之首。他童真即修梵行，面受佛嘱，周统东、西、南三洲巡游护法事宜，故称"三洲感应"。逐渐地，就把韦将军即天人韦琨和"韦驮天"混在一起，成为一个神了。由于他以护法为事，所以又把密迹金刚的手持金刚杵护法的形象和他搅在一起，造出一些他守护伽蓝的传说来。于是，他的形象基本上固定下来：作中国青年武将状，白脸或金脸，顶盔贯甲，手持金刚杵，美其名为"降魔杵"。这种杵，中国小说中大力武将如哼哈二将用之。有一身力气的武侠如《三侠剑》中的孟金龙、贾明亦用之；佛殿镇山门金刚也用。它是中国化的杵。作为武器，中国杵远比南亚次大陆原型的金刚杵好使。南亚原型金刚杵手握中间，两头出刃，短而只能近战。中国杵与鞭、锏同类，一头为柄，另一头不比长剑短，介于短兵长兵之间，能横打又能直杵，而且有分量。

到了《封神演义》，更努力使韦陀（驮）彻底汉化。那位手执降魔杵后来投奔西方肉身成圣的韦护，就是韦驮的"溯本追源"式完全汉化造型。他的姓名"韦护"，想是从"韦驮护法"点化而来。《封神演义》中那两句诗："历来多少修行客，独尔全真第一人。"也是在以"全真"点明"童真梵行"。在向西方进行反派遣这一点上，中国小说家的创造性实在惊人。

二

《封神演义》对佛教神佛的汉化改造过于操切，"过犹不及"。这部书惯用手法是"反派遣"，即给佛教中一些神、菩萨甚至佛爷新造履历，证明原为汉人，然后送还西方；准备"千年后"，摇身一变为外籍神佛，再返中华。从周初算到汉代。这是道教与佛教争胜所用的"老子化胡"那一套，老套路新发展。可是过分神聊，也就使人只能当小说来看了。

先举数例：

灵鹫山元觉洞燃灯道人，分明影射"燃灯佛"。在佛教中，这个佛名是梵语Dīpamkara的意译，一译"锭光"。佛经说他生时身边一切光明如灯，因此得名。并说释迦牟尼未成佛时，燃灯佛曾为他"授记"（预言将来成佛的事）。从辈分上说，他是释迦的老师，所以算过去佛，地位甚尊。《封神演义》中，他似以一种客卿身份出现，辈份不明，有时还要听元始天尊指挥（第七十八回）。他面前有盏琉璃灯，灯头逃逸，化为马善，来与子牙为敌，刀砍一过便长，后被燃灯道人掷琉璃灯盏收回。这是影射佛殿前供桌上悬的那盏长明灯。燃灯道人又收伏羽翼仙，即大鹏。按，这是影射佛教"天龙八部"中的迦楼罗，它是梵文Garuda的音译，意译为金翅鸟。据说他的两翅相距三百三十六万里，我们这个世界仅能容下他一只鸟爪。据说他每天要吃一条大龙和五百多条小龙，按日轮番吞食四天王所护的四个天下的龙群，如果一时消化不完，就把龙暂存在自己的嗉子里边。中国人经常把他同《庄子》里的鲲鹏变化中的大鹏混同起来。汉化的金翅鸟在《西游记》和《说岳全传》中都有很生动的描述，甚至说岳飞是大鹏金翅鸟转世，这当然是神话，不过也说明中国人心目中的大鹏金翅鸟是一种益鸟。《封神演义》中却把它描写得极为凶恶。《西游记》里更大开玩笑，说云程万里鹏是孔雀的弟弟，如来佛的"舅舅"，想吃唐僧肉。《封神演义》中，同样凶恶吃人的一气仙马元也被准提道人收去，成了正果。说明作者认为佛教中专收这种"放下屠刀,立地成佛"的恶人;而书中所写阐教(影射道教中自认正确的一派)却是不收这种人的,只收恶兽为坐骑。更为奇特的是,利用汉语修辞中惯用的同音比附手法,把燃灯佛一分为二,将此佛的另一意译法"锭光佛"改造成"长耳定光仙",竟然成了兔子!好在还没有说得太邪乎,适可而止。一部《封神演义》中,截教群仙投降阐教,又转到佛门成正果的,只有他了。

为了反派遣,《封神演义》中也不敢轻视佛教,特意请出一位"准提道人"(影射"准提观音"),一位"西方教主接引道人"(影射西方阿弥陀佛),大开方便之门,专收与西方有缘之客。这两位出面时,一定为西方极乐世界大作宣传。准提道人对接引道人说:"东南两度有三千丈红气冲空,与吾西方有缘。是吾八德池中五百年花开之数……西方虽是极乐,其道何日得行于东南?不若借东南大教,兼行吾道……"这也是书中作者在给道教与佛教摆正位置,兼作广告。要不然,派那么多人上西方去干什么!

当然,书中也忘不了暗中贬低佛教。例如,阐教是极少接收截教中的人物的,总觉得他们根儿不正,"畜生"出身者颇多,还动不动就让他们现原形。佛教却是"回头是岸",一概接收。为了证明与西方有缘,乱贴标签比附。例如,孔宣,影射的是"孔雀大明王菩萨"(梵语Mahāmayūrī-vidya-rājñī 的意译）及其坐骑孔雀。所以写得他颇有神通。若仅仅是那匹孔雀，就不会有那样的法力了。再如，法戒皈依准提后，"在舍卫（梵语Śrāvastī的音译）国化祇陀（梵语Jeta的音译）太子，得成正果，归于佛教。至汉明、章二帝时，兴教中国，大阐沙门"。法戒出国后，化身的国籍已变，竟然又回中国传教。这也是一通神聊。至于说准提道人要度龟灵圣母，却被白莲童子打开小包无意中放出蚊虫把圣母叮成空壳，那蚊虫还飞往西方极乐世界，把十二品莲台吃掉了三品。此后呢？"九品莲台登彼岸，千年之后有沙门！"更是豆棚瓜架下的神哨，"姑妄言之妄听之"！

最不令人信服的，也是作者极力要做的，就是把文殊、普贤、观音"三大士"的履历完全汉化，成为破太极阵的文殊广法天尊，破两仪阵的普贤真人，破四象阵的慈航道人，都是"阐教"的"玉虚门下"，属于"十二大弟子"之列。他们的坐骑虬首仙青毛狮子、灵牙仙白象、金光仙金毛犼，又都是收伏了的"截教"中"通天教主"部下。这通神聊过于离奇，不能让人认真对待。可见，凡事太离谱就不行。"三大士"的这份中国家谱，始终没有像"四大天王"和"哼哈二将"的改造那样流传，就是明证。但是，笔者到成都青羊宫参观，大殿中玉虚门下十二大弟子俨然站列，只是没有介绍来历而已。料想如果介绍其中几位显然原出身佛教者的生平，会让通晓佛经的信士问个底儿掉！除上述"三大师"（第八十三回）外，惧留孙乃梵语Krakucchanda的音译（意译"成就美妙"），乃是佛教中著名的过去七佛第四佛，据说，成佛远在释迦牟尼佛之前。《封神演义》作者这种乱点神佛谱的办法，只能说极可能像是文化水平不高的会道门人物的杰作！

三

《西游记》的倾向是崇佛抑道，但在汉化外来户方面与《封神演义》异曲同工。孙悟空的老师是斜月山三星洞（隐喻汉字"心"字）须菩提祖师。表面上看，这位导师似为道教祖师，中国人，可"须菩提"却是梵语Subhūti的音译，意译"善吉"，他属于舍卫城婆罗门，乃释迦牟尼佛"十大弟子"之一，善于说"诸法性空"，被称为"解空第一"。把悟空派给最为解空的"祖师"当徒弟去，乃小说家之妙解也。

《西游记》中创造了悟空、八戒、沙僧的形象，为中国增加了三位新神。这哥儿仨颇受民间宗教欢迎，这都因《西游记》深入人心之故。连义和团造反，也要大圣或八戒降坛附体；《西游记》之为用大矣哉！

《西游记》为佛教所作最大的贡献，似乎是将观音的形象更加汉化与通俗化，使之深入人心。一般老百姓并不深究佛经中的事，倒是《西游记》中的故事深入人心。于是，在近代，《西游记》中塑造的观音形象就成为雕塑家的重要素材。海岛观音群塑就颇受其影响。在这组塑造观音从普陀渡海出行普度众生的故事性塑像群中，不但善财、龙女相随，还常有红孩儿、黑熊精参拜。这后二位是在《西游记》中被观音戴上"金""禁"两个箍儿，收为守山神的。当然，唐僧、孙大圣、猪八戒、沙和尚、白龙马，也全得塑上。一般塑在左下角或右下角，连观音脚踏的鳌鱼，戏莲池的金鱼，也出自《西游记》的描述。要按《封神演义》第八十三回所述，西方的"金鳌"乃是"乌云仙"，让"六根清净竹"给钓去的。生产清净竹的"紫竹林"，那可是观音的产业。观音亲自削竹子做钓竿钓金鱼，也是《西游记》中的名段。

神魔小说中总不离多端的变化，多种多样的神奇"法宝"（这个专有名词是佛家的），以及多种法术。这在《西游记》《封神演义》两书中的描述，都达到登峰造极的地步。这当中含有大量的通过佛经汉译传入的南亚次大陆的神话故事的原材料。应该承认，汉族原来的文学较为朴质，南亚次大陆古代人那些"搅动乳海""四兵入藕茎孔""神猴"之类神奇瑰异的想象，蹲在黄土高原、黄河边上的咱们的祖宗，还真是想象不出来。可是，中国人善于学习，一点就破，善于改造，善于同化异类。而且"只说是自家会的"，把老师给抹了——超过老师了。到现在，世界上知道孙悟空的，肯定比知道南亚次大陆神猴哈奴曼（梵语Hanumāna的音译）的人要多。

中国人的想象力，一经开了窍，调动起来，结合本国原有的，改造外来的，立即移山倒海，撒豆成兵，七十二变，一个跟头十万八千里，各种法宝异彩纷呈。看来，汉化了的神猴没能翻出西方佛祖的掌心。可是，佛祖那五根手指变成的五行山却是由中国"阴阳五行"观念所形成。

四

中国小说家活用、改造外来"神通"的例证太多，无法缕述。以下仅从"三头八臂"神变化改造为"三头六臂"的分析，讲一讲汉化移植过程中的改造匠心。

佛教诞生前，南亚次大陆（以下简称"次大陆"）早期"吠陀"系统的神话里，有许多神就以多头、多目、多臂的形象出现。例如楼陀罗（梵语Rudra的音译，又译"鲁达罗"等。意为"暴恶"），是次大陆早期神话中亦善亦恶之神。他用霹雳杀人，也用草药给人治病。他有一千只眼睛。他后来衍化成湿婆（梵语Śiva的音译），是毁灭与降魔大神。这位神有五个头，四只手；头上有三只眼，竖着长的第三只眼能射出神火烧毁一切。大梵天（梵语Mahābrahmā-deva的意译），是创造世界之神。他原有五个头，后来被湿婆砍去一个，剩下四个面向四方。他也有四只手。

毗首羯磨（梵语Viśvakaman的音译，意思是"创造一切的神人"），是工艺大神。据说，从四面八方看，他都长着面对那一方的脸、眼、手、脚。

这类多头、多目、多臂神尚多，不枚举。可以看出，这种形象是次大陆早期神的特点。现代印度教的某些神仍承袭这一特点。

佛教兴起后，逐渐地，将外教神祇纳入、改造，让他们以新面目或新身份、新地位出现。多头多目多臂的形象也就慢慢出现在佛教系统之中。密宗出现之后更加快了这种趋势。这类"头、臂、眼三多"的造型，后来逐步定型为两大类。

三头八臂三眼，后来发展成三头六臂的，是一类。此种造型后来经过变化改造，在中国文学艺术中经常出现，且多为中国武将类型的神。千手千眼的，是另一类，多为观音或文殊。这一类纯属佛教造型。介乎此二者之间，在小说中出现的，也以佛教造型为多，但未必与佛教造像经典的规定相符。例如，收服孔宣时，准提道人"现出一尊圣像来：十八只手，二十四首，执定璎珞、伞、盖、花、罐、鱼、肠、加持神杵、宝锉、金铃、金弓、银戟、幡、旗等件"。很像一尊元代开始在汉地流行的"藏密"尊像——盖因"八吉祥"（上文中有从伞到肠六种出现）是那时才从藏传佛教传入内地的。

多头多臂多目的形象，多少得算一种表现"神通"的造型，是"神"而不是"人"。佛祖释迦牟尼慈悲救世，他的"三身"（化身、报身、应身）都具"三十二相""八十种好"，呈丈六金身，气象阔大恢宏，不屑以小神通向人。所以，正统的佛门得正果者，如佛和罗汉，都以人世间的本来面目现身应化。只有那些招降来的杂牌"诸天"，还保留奇形怪状的原貌。此外，密宗影响下的菩萨系统，特别是观音，化身繁多，显然带有各种外教的气息。

以下各举数例。

"诸天"（佛教系统的各位天神之总称，多出身次大陆神话中，常列在大雄宝殿中礼佛。有代表性的是"二十天"）之中，这种造型的形象不少。

大自在天（梵语Maheśvara，音译是"摩醯首罗"），本是次大陆男性生殖器崇拜者之神，以男根为其标识。佛教改造他为护法神，汉化后全失本真，常作密宗所传一头三目八臂状。面作菩萨相，身着菩萨装，手执拂子、铃、矩尺、杵等。还有作三面十八臂的。

摩利支天（梵语Marīci-deva的音加意译），是阳光的化身，神话中出身甚早。据说人们都看不见她，她能以隐身术救人。在汉化诸天中呈女相菩萨装，三头各有三目。八臂：中二手合十，余六手持针、线、弓、箭、无忧树枝、罥索等物（手持物各像常不同，有持钩、线圈者）。

辩才天（梵语Sarasvatī-devī的意译，音译是"萨罗萨伐底"），为主智慧福德之神，聪明善辩，擅唱歌，在神话中出身也很早。汉化的她，常为女相菩萨装，一面，八臂：中两手合十，余六手执火轮、剑、弓、箭、斧、罥索。

密宗系统的"六观音"，是观音度六道众生出轮回的六种化身形象，除标准的"圣观音"（即一般所见的观音形象）外，都是奇形怪状，现举二例：

准提（梵语Cundī的音译，意为"心性洁净"）观音，常为女性形象，一头三目十八臂，三只眼是救惑、业、苦的三慈眼。她就是《封神演义》中准提道人的比附原型，但二者之间差异颇大。

如意轮观音（梵语Cintāmanicakra的意译），有二、四、六、八、十、十二臂等不同造型。常为六臂金身。右第一手支颐，是为"思维相"。左第一手按在"光明山"上。余四手分持如意宝珠、轮宝、念珠、莲花等。以持宝珠、轮宝表能满足众生祈愿和转轮，故名。

元明清三代持续发展起来的神魔小说（别种小说里也有，只是少些，且系受神魔小说影响）深受佛教的影响，努力塑造这种头、目、手三多的形象，特别集中于其中三头八臂以至三头六臂的造型。在这里，不难看出佛教里诸天神魔这类形象的影响。但是，也可以看出，作家在努力使这类造型汉化，使之成为中国人喜闻乐见的艺术形象。在《封神演义》一书中，这样的形象经常出现。

后来被封为瘟神头子的吕岳，"见周将有增，随将身手摇动，三百六十骨节，霎时现出三头八臂：一只手执刑天印，一只手擎住瘟疫钟，一只手持定瘟幡，一只手执住止瘟剑。双手使剑。现出青脸獠牙。""子牙见了吕岳现如此形象，心下十分惧怕。"（第五十八回）

殷郊，"一会儿忽长出三头六臂……面如蓝靛，发似朱砂，上下獠牙，多生一目。"（第六十三回）

哪吒，"太乙真人曰：'子牙行营有许多异士，然而有双翼者，有变化者，有地行者，有珍奇者，有异宝者，今着你现三头八臂，不负我金光洞里所传。此去进五关，也见周朝人物稀奇，个个俊杰。这法隐隐现现，但凭你自己心意。'哪吒感谢师尊恩德。太乙真人传哪吒隐现之法，哪吒大喜，一手执乾坤圈，一手执混天绫，一手执金砖，两只手擎两根火尖枪，还空三手。真人又将九龙神火罩，又取阴阳剑，共成八件兵器。哪吒拜辞了师父下山。"（第七十六回）

从《封神演义》的有关叙述中，我们可以看出：

1. 要变成三头六臂或三头八臂，常靠吃某种食物。殷郊吃的是豆儿六七枚（第六十三回），哪吒是饮三杯酒吃了三枚火枣（第七十六回）。只有吕岳的"截教"邪门法术来路不明。但他们的法术都是隐现随意的。这种"服食求神仙"

式的办法,变过来变回去的自由掌握法术,显然都是中国式的,带道教气息。

2. 哪吒三头八臂,属佛教的定型,可能因其原型是北方天王的太子"那吒"之故。吕岳和殷郊就自由些,成了三头六臂,那可是中国化的表现。因为,佛教天神三头八臂,其中有两只手常是用来合十的。可中国的神祇用不着对佛行外国礼。再则,中国人的习惯是一头配两手,正房配东西两厢,一张方桌两把太师椅,总以为三头配六臂为宜。

《西游记》表现出的想象力比《封神演义》更为丰富、大胆和生动活泼,也更为中国化。孙悟空大战哪吒(第四回),两位说变就变,全不靠外力:

> 哪吒奋怒,大喝一声,叫:"变!"即变做三头六臂,恶狠狠,手持着六般兵器,乃是斩妖剑、砍妖刀、缚妖索、降妖杵、绣毯儿、火轮儿。
>
> 好大圣,喝声:"变!"也变做三头六臂;把金箍棒幌一幌,也变做三条;六只手拿着三条棒架住。

哪吒多余的两只手在这里取消了。汉化的三头六臂战胜了外来移植的三头八臂。

为什么中国人偏要选择"三头六臂",甚至达到成为成语的深入人心的程度,而不用那些"三头八臂""四头八臂""二头四臂""三面十八臂"等进口造型呢？拙见以为，这里面有一个"最佳选择"（优选）的问题，其中凝聚着中国武术家的世代相传的经验和心血。中国人创造的三头六臂形象，都是出现在手持武器的战斗中的。从实战经验中可以见出，三面背靠背地各据120度角挥舞长兵器拒敌，在360度圆周内没有死角，自己的武器又不致互相妨碍。两面四臂总有死角；四面八臂以上则丫丫叉叉，拿着长短不齐的家伙自相妨碍。而三面八臂如《封神演义》中的哪吒，实际上还是单面向敌，两手持主要兵器作战，别的手是配搭。《西游记》里孙悟空三头六臂持三条棒，取的是360度圆形无死角防御面，远比《封神演义》中那几位单面攻防为主的要强。现代圆形碉堡常开120度射角的三个射击孔，也是这个道理。可见，三头六臂是中国武术家理想的全方位拒敌造型，其中隐含着我国武术思想与经验的精华。当然，在现实中这是做不到的，只不过是一种靠小说家艺术构思来完成的幻想罢了。但是，它终不失为一种最优选择的理想拒敌方案。

从"一角仙人"到"月明和尚"

一

对宗教来说，男女交合是否妨碍修持，常常成为一个重大问题。人所共知，天主教的教父和修女，佛教（特别是汉化佛教）的出家五众，还有，如道教的全真教男女道士，都是终生禁欲的。他们的行为若在这方面有些出格，就容易成为文学家特别是小说家的好题材。写天主教中这种浪漫事的西方小说有的是，中国写佛道二教的也不少，说起来话就长了。本文要探讨的，只是中国古代小说中"交合败道"一类故事题材的传承。

众所周知，中国古代，就说到东汉为止吧，"鬼神"观念是深入人心的，可是佛教的"轮回"观念没有传过来。因此，传统的思想大致是：人死了变成鬼，而神仙是长生的。所以人们追求的是升仙。白日升仙，甚至鸡犬升天的事，这当然是白日梦。死后不变鬼而升仙也行。马王堆和金雀山等汉墓出土的旌幡帛画（非衣？），似乎就传递出"引魂升天"的信息。当然，以活着成仙为佳。于是乎产生了许多升仙的手段。"服食求神仙"是最常用的。还有，被后人忽视或讳言的，即以黄帝和素女讨论的内容写成的《素女》（《素女经》）一书中所载的那一套，也就是以"房中"的方法求长生，亦为东汉早期道家所常用的。托名刘向所著的《列仙传》（似为三国至晋初之间纂成）中，有一篇《女几》，对此事说得最明白不过：

> 女几者，陈市上酤酒妇人也。作酒常美，遇仙人过其家饮酒，以《素女》五卷为质；几开视其书，乃养性交接之术。几私写其文要，更设房屋纳诸年少，饮美酒与止宿，行文书之法。如此三十年，颜色更如二十时。仙人数岁复来过，笑谓几曰："盗道无私，有翅不飞。"遂弃家随仙人去，莫知所之云。

这些，在古代笔记小说中也有反映，试举《汉武故事》中记载为例：

上好容成道,信阴阳书。时宫女数千人,皆以次幸。

神君者,长陵女子也,死而有灵;霍去病微时,数自祷神君,乃见其形,欲与去病交接,去病不肯,神君亦惭。及去病疾笃,上令为祷神君,神君曰:"霍将军精气少,寿命不长;吾尝欲以太一精补之,可得延年,霍将军不晓此意,遂见断绝;今疾必死,非可救也。"去病竟死。上乃造神君请术,行之有效,大抵不异容成也。

二

南北朝时,道教确立,佛教也在中国大发展。佛道二教既交流又互相攻讦。佛教攻击道教,拿住的一个大把柄是"合气"。

例如,北周武帝在574年废佛前曾多次召集儒、佛、道三教学者及群臣讨论三教优劣。叛道入佛的司隶大夫甄鸾,于天和五年(570年)遵敕上《笑道论》三卷,在三十六个标题下引述道经,进行批判。其"道士合气三十五"云:

《真人内朝律》云："真人日（曰）：'礼：（凡）男女至朔望日，先斋三日，入私房，诣师所，立功德。阴阳并进，日夜六时。'此诸猥乐，不可闻说。"又《道律》云："行气以次。不得任意排丑近好，抄截越次。"又《玄子》曰："不鬲戾，得度世；不嫉妒，世可度；阴阳合，乘龙去"，云云。臣笑曰："臣年二十之时，好道术，就观学。先教臣《黄书》'合气，三五七九，男女交接'之道，'四目两舌相对，行道在于丹田，有行者度厄延年'。教夫易妇，唯色为初，父兄立前，不知羞耻，自称'中气真术'。今道士常行此法，以之求道，有所未谙。"（据《广弘明集》卷九引）

按，《黄书》相传为张道陵一派传下的秘密法术书之一。今已不传，其大致内容，释法琳（公元572—640年）的《辩正论》中引述说：

　　《黄书》云：开命门，抱真人，婴儿回，龙虎戴（戏），三五七九，天罗地网。开朱门，进玉柱，阳思阴母白（曰）如玉，阴思阳父手摩捉。（据《广弘明集》卷十三引）

据此，该书之为房中术，确切无疑。当时道教徒认为此术是一种修道手段，有时滥用，似也无可讳辩。佛教反对这么干，说明，按佛教的原则，总的认为男女交合之事是无助于成道的，至少是一种"欲障"，不值得提倡。如常被称引的《晋书·艺术传·鸠摩罗什传》：

> 尝讲经于草堂寺，兴及朝臣、大德沙门千有馀人肃容观听，罗什忽下高座，谓兴曰："有二小儿登吾肩，欲障！须妇人。"兴乃召宫女进之，一交而生二子焉。兴尝谓罗什曰："大师聪明超悟，天下莫二，何可使法种少嗣。"遂以妓女十人，逼令受之。尔后不住僧坊，别立廨舍，诸僧多效之。什乃聚针盈钵，引诸僧谓之曰："若能见效食此者，乃可畜室耳。"因举匕进针，与常食不别，诸僧愧服乃止。

这一则故事可以证明：佛教是不赞成性欲之事的。鸠摩罗什虽然自己这么做，却用变魔术的办法阻止别的僧人仿效。这也能从侧面证明，"交合败道"的思想，非中国固有的，而是随着佛教传来的。

汉译佛经中有关"交合败道"的故事记载相当多，其中值得我们注意的是，有这么一种类型："仙人"与女人接触而失道。这些故事大多属于"本生经"系统，兹举有代表性的"一角仙人"故事为例：

　　时婆罗奈国山中有仙人，以仲秋之月，于澡槃中小便。见鹿牝牡合会，淫心即发，精流槃中。牝鹿饮之，即时有娠。满月生子，大类如人，头有一角，其足似鹿。鹿当产时，至仙人庵边而产，见子是人，以付仙人而去。仙人出时，见此鹿子，自念本缘，知是己儿，取己养育。及其年大，勤教学习，通十八种大经。又学坐禅，行四无量心，得五神通。一时上山，值大雨泥滑，其足不便，躃地，破其军持，又伤其足。便大瞋恚，以军持盛水，咒令不雨。仙人福德，诸龙鬼神皆为不雨。不雨则谷果不生，人民穷乏，无复生路。婆罗奈王忧愁懊恼，命诸大官集议雨事。明者议言："我闻有一角仙人，上山伤足，瞋咒令十二年不雨。"王思惟言："若十二年不雨，我国了矣，无复人民。"王即开募："若有能令仙人失五通，属我为民者，当与分国半治。"是婆罗奈国有淫女，名曰扇陀，端正巨富，来应王募，问诸人言："此是人，非人？"众人言："是人耳，仙人所生。"淫女言："若是人者，我能坏之。"作是语已，取金槃，盛好宝物。语王言："我当骑此仙人来！"淫女即时求五百乘车，载五百美女；五百鹿车，载种种欢喜丸，皆以众药草和之，以众彩画之，令似杂果；及持种种大力美酒，色味如水。服树皮衣，行林树间，以像仙人。于仙人舍边作草庵住。一角仙人游行见之，诸女皆出迎逆，好妙华香供养仙人。仙人欢喜，诸女皆以美言敬辞问讯仙人，将入房中，坐好床褥。与好净酒，以为净水；与欢喜丸，以为果蓏。食饮饱已，语诸女言："我从生已来初未得如此好果好水！"诸女言："我一心行善，故天与我愿，得此果水。"仙人问女："汝何以故肤色肥盛？"答曰："我曹食此好果，饮此美水，故肥盛如此。"女白仙人言："汝何以不在此间住？"答言："亦可住耳。"女言："可共澡洗。"即以可之。女手柔软，触之心动。便复与诸美女更互相洗，欲心转生，遂成淫事，即失神通。天为大雨七日七夜。令得欢乐，饮食七日，酒食皆尽，继以山水、木果，其味不美。更索前者，答言："已尽。今当共取，去此不远，有可得处。"仙人言："随意。"共出，去城不远，女便卧地，言："我极，不能复行。"仙人言："汝不能复行者，骑我项上，我当担汝。"女先遣信报王："王可暂出，观我智能。"王见，问言："何由得尔？"女曰："以方便力！"无所复能，令住城中，好供养，恭敬之，足其所欲，拜为大臣。住城少日，身转羸瘦。念禅定心，厌此世欲。王问仙人："汝何不乐？"答曰："虽得五欲，常念林间。"王自思惟:"若我强违其志,违志为苦,苦极则死。本以求除旱患,今已得之,当复何缘强夺其志!"即发遣之。即还山中,精进不久,还得五通。

与此类似的还有"拨动仙人见王女发欲""仙人为王女所抱退失神""诸仙人见闻女人色声皆失神通"等等。这些都是南北朝时已译出的同类故事。其中"一角仙人"较典型,能说明的问题较多,所以我们选了它。下面略作分析:

故事的主人公有三位:一角仙人、淫女、婆罗奈王。故事情节略为:仙人与国王间,因天旱涉及国事,发生矛盾,国家陷入危难。国王设计,请淫女去败坏了仙人的神通道行。

值得注意的是,这类故事中,应负主要责任的有缺点的人物常是那位"仙人",他常因为"触"(感官与感官对象的接触)而"失通"。我们知道,这类故事大多是佛教从前代反映南亚次大陆各种修行人生活的神话故事中借来的,一般不太改造,只是加一个"本生经"式结尾便了——"本生经"是讲释迦牟尼佛"前生"的经。但是故事本身反映的往往还是原作者(世代流传的故事传播者)的思想感情。从这类作品描绘的形象看,仙人(修行人)实际上脆弱得很,一经与女性接触——有拥抱升座,礼足,最严重的是共浴——立即堤防崩溃。他们也天真得很,容易上当受骗。但作者笔下对他们异常宽大，只要他们再入山林修道，便可尽洗前愆。这既反映了南亚次大陆对早期修行人（多为"婆罗门"，精神贵族）的尊重，也使佛教能采纳它们为"本生经"材料。总不能对佛爷赶尽杀绝呀，即使是"前生"也罢。按，释迦牟尼出家前曾娶妻耶输陀罗，生子罗睺罗。季羡林先生在《论释迦牟尼》一文中说：

> 他们生了一个儿子，名叫罗睺罗。这一定是历史事实，因为佛教和尚是不许结婚的，可是佛祖却竟结婚生子，给后来的佛徒带来一个尴尬局面。若非历史事实，佛徒是决不会这样写的。为了这件事，和尚编造了不少的神话故事，以图摆脱窘境。

季先生所说"摆脱窘境"的补救办法，如"一角仙人"的处理就是一种："既还山中，精进不久，还得五通。一角仙人，我身是也；淫女者，耶输陀罗是也。"一则说明佛爷前生就做过男女之事，还不是正式结婚；二则说明今生结婚也是夙世姻缘，也算是一种"障"吧；三则说明只要"精进"（不懈怠地修善断恶、去染转净），犯了这种事还不碍修行，能恢复原状。除败道型故事外，"本生经"中其他类型故事结尾也常有"……我身是也……耶输陀罗是也……罗睺罗是也"。足见在原始佛教中对解决这一问题的迫切要求。

显然，这种解释，还是南亚次大陆式的，那里的原始佛教这样说说，足使信徒皈依。可是，在饱含中国式封建社会道德规范的汉化佛教中，很难自圆其说，反而有越描越黑的可能。因此，敦煌出土卷子中，中国人创造性发展的《太子成道经》《悉达太子修道因缘》等，改作如下处理：

1. 释迦牟尼与耶输陀罗虽为夫妇，但没有发生过男女关系。

> 只有耶输陀罗一身，太子相伴。且问夫人"三从"之事："有则在家从父，出嫁从夫，及至夫亡，即须任从长子。但某乙有一教言语，今说与夫人，你从与不从？"耶输答曰："争敢不从。""若是夫人行道，太子坐禅；太子行道，夫人还须坐禅。"其夫人并取太子之言。(《悉达太子修道因缘》，载于《敦煌变文集补编》第93页)

2. 生产罗睺罗的办法是：

> 其太子便被四天门王齐捧马足，逾城修道，回手却著玉鞭，遥指耶输道："有佛来世出现之时，生八王子，见大圣出家，亦须随先行引接。"

耶输生下一子。父王闻之，拍手大怒道："我儿山间苦行，近及六年，因何有此孩子？"其新妇答云："此是马鞍指腹化生之男。"（《悉达太子修道因缘》，载于《敦煌变文集补编》第95~96页）

3. 但又得证明罗睺罗确是释迦"化生"之子，于是煞费苦心，重点铺叙母子入火坑和宿世姻缘故事。文繁不具引，请看《敦煌变文集》《敦煌变文集补编》二书中太子成道篇目内的相关文字。在我们看来，中外作者都在苦心弥缝，但因本事就是简单而明确的曾结婚生子，所以，不论创造出什么新的情节来，终难自圆其说。若从宗教宣传和小说铺叙得热闹的观点看，俗讲和说因缘底本可谓青出于蓝，且因带有汉化成分，故易为中国人接受。

三

佛教徒通过"讲经""俗讲""说因缘""说经"等等多种延续不绝的活动，将佛经中的许多故事传播给世世代代的中国大众。中国古代的说书人、小说家再把这些故事改头换面、添枝加叶，使之汉化和世俗化，丰富了中国的文学遗产。

中国历代僧尼众多，个别犯戒的事在所难免。在古代封建社会中，作为"话柄"一传开，中国式的"交合败道"故事也不乏产生的土壤。值得注意的是，对中国僧人的交合败道，惩罚十分严厉；戏曲小说中所举典型出家人，也是僧尼。对道家相当宽容，吕洞宾三戏白牡丹，算仙人游戏。此外，尼姑和女道士犯戒，受罚也轻，且常有好结果。唯独对和尚惩治很凶。这里面隐隐有我们前面讲到的传统的影子在。

下面举几个讲述汉化佛教僧人"交合败道"的小说，与原始佛教故事进行类比。按，中国小说家创作的代表性作品是《月明和尚度柳翠》（后引简称《月明和尚》），与其同类篇目有《五戒禅师私红莲》（后引简称《五戒禅师》）等篇。其故事传说，似从宋代已开始。谭正璧先生《三言两拍资料》，胡士莹先生《话本小说概论》中均有引述，兹不赘述。明代较早的话本小说集《清平山堂话本》中，见存《五戒禅师私红莲记》，是我们今日所见的一种较早印本状态。而成为"定本"，则此两篇同收于《古今小说》中，知名度较高，读者甚多。

仅就"一角仙人"与"月明和尚"作对比性分析：

《月明和尚》的主要人物，前半部是玉通禅师、吴红莲、柳宣教三位，还有个充当前后两部引线的法空长老，后半部是柳翠翠（玉通禅师后身）与月明和尚。其前半部情节与"一角仙人"酷似。试作人物与情节比较表各一：

人物对照表

《一角》中人物	一角仙人	婆罗奈王	淫女扇陀
《月明》中人物	玉通禅师	柳宣教	吴红莲
人物身份	修行者	当政者	引诱者

情节对照表

一	《一角》	一角仙人因足伤，咒令国中不雨。此举并不令人同情，使人觉得乖戾。
	《月明》	一通禅师闭门修行，不参拜柳宣教。不知祸从天上来，一开始就引人同情。
二	《一角》	婆罗奈王募人坏仙人五通，淫女扇陀应募。王为国事被迫行之，扇陀主动。
	《月明》	柳宣教强令吴红莲前往败坏玉通禅师道行，柳主动，红莲被迫。
三	《一角》	扇陀带五百美女、五百车酒食，化装成仙人以图与一角接近。费力太大，使人觉得华而不实。
	《月明》	红莲只身手提羹饭化装祭夫新寡入城不及要求借宿，设计合情合理。
四	《一角》	淫女呼一角仙人共澡洗，手触心动，成淫事。此法中国人会认为骗不了人。
	《月明》	红莲装病要求熨肚皮成淫事。比较合情合理。
五	《一角》	淫女骑仙人项上报国王出观。此法中国人也会认为不容易办到，除非做戏。
	《月明》	红莲取白布衫袖回报，且明白告知禅师。合情合理。
六	《一角》	仙人为大臣，不乐，王遣还山，精进，复得五通，故事截止。十分乏味。
	《月明》	禅师圆寂，转世为柳翠翠，引起后半部占全篇一半的下文。波澜迭起。

两者相较，脱化蜕变传承的痕迹显然。当然，汉化过程中发展变化更多：

1. 宋元以来市民文学盛行后，一般讲故事听故事，总爱忠奸分明，黑脸白脸对衬；好人被坑，公子落难，最后坏人挨整，书生中状元。非有对立面不可，不然，故事很难展开。于是乎，柳宣教就被派担任反派角色了。中国人向来不愿意过分犯上，指斥乘舆更是冒天下之大不韪，能扳倒权奸便算好汉了。所以，安排柳宣教的身份，只不过"府尹"而已。使这么点小坏，地方当权派咳嗽一声就行，犯不上惊动中央。同样理由，对付一个老和尚，一个"上厅行首"足矣。南亚次大陆故事中，那一套动辄"五百""八百"的铺陈，在算惯了柴米油盐的中国老百姓听来，总觉得是外国稀罕，离日常生活太远，很不现实。

2. 人物改塑的重点，还在于把外国山林中的"仙人"变成中国"丛林"中的老和尚。这就脱离了"本生经"的束缚，既免间接冒犯释尊之嫌，又变得更为汉化与世俗化，为中国大众所习见与乐见。

3. 话本中作为主角出现的名妓，常为年轻美丽又有心计的角色，同时又是受侮辱被损害的对象，像花魁、赵春儿等便是。吴红莲也是如此。她干这种缺德难为情之事，系为官势所迫。被动受命而又得主动设法，更显出她的无奈。为了更加合情合理，在定计过程中，还给她添上一个老于世故的"妈妈"。她的形象中，多的是可怜、聪明而又老实（她最后对老和尚说了实话）的混合。特别应该提到的是，明清拟话本向以游离的淫秽描写遭疵议。但在红莲和老和尚调情的大段描述中，因其为情节发展和人物塑造所必需，说明勾引老和尚是如何不容易，所以还不太粉，或者说，粉色被故事进展所掩覆了。它不是为写粉而写粉，在众多的粉色纷呈的拟话本中，难能可贵。

4. 老和尚的结局实系自杀。破戒，特别是犯了"五戒"中的"淫戒"，要以生命为代价，反映了汉化佛教自唐代律宗确立以后，宋元以下对清规戒律的重视，以及晚期封建社会伦理道德规范的严厉。这个结局是中国式的，比"仙人"之能忏悔要严肃认真得多。

5. 因果报应轮回，是佛教带入中国的创造性思想，逐渐融入中国人的日常生活伦理道德说教之中。这里正好用得着。于是乎，"一角仙人"的简短归山复得五通结局，在"月明和尚"中创造性地衍化为后半部的"度柳翠"。柳翠翠虽沦为妓女，故事中却只强调她聪慧美好的一面，不蔓不枝，恰到好处。这是中国作家的创造。不论从小说角度看，还是从宣传佛教因果报应轮回教义的角度看，都比"本生经"生吞活剥老神话故事强多了。

四

清代陆次云《湖壖杂记》中"月明庵柳翠墓"一条中有

云:"今俗传月明和尚驮柳翠,灯月之夜,跳舞宣淫,大为不雅。"

"月明和尚驮柳翠",不啻是"我当骑此仙人来"的汉化表演,益证"月明和尚"来自"一角仙人"。更有脱离母本,别出新意匠,变化发新枝的,那就是《明悟禅师赶五戒》以及《醒世恒言》中所载的《佛印师四调琴娘》。后者显然是前者的补充。中国人向来有借重大名人的传统,这回招出苏东坡和佛印(今生受测试)来,作为对比。可惜的是,写五戒(明确点出名"五戒")禅师犯色戒是主动的,而且有点像走过场,了无曲折。更可惜的是,这里的"红莲"人物形象没有立起来,只是个破戒工具,正和《三国演义》中那位"插标卖首"专供关公成名用的颜良一般。琴娘只会哭哭啼啼,远远比不上那位活泼聪慧顽皮的淫女扇陀和乔装改扮的吴红莲。这两篇说教气息虽然浓厚,艺术水平可就比不上《月明和尚》了。

注:

程毅中学长阅此文后,写有书面意见,节录于下:

> 此文后半部分较薄弱,似可充实。从故事渊源说,与"一角仙人"故事有继承关系,已可论定。唯月明和尚故事,《古今小说》刊于天启初或稍早,是为下限,

其上限约在南宋，但无文献依据。较早的文本为元李寿卿《度柳翠》等剧，明徐渭亦有《翠乡梦》等剧；通俗小说有《红莲女淫玉禅师》或《月明和尚记》，载于不同版本的《燕居笔记》，稍早于《古今小说》。

《清平山堂话本》之《红莲记》，仅"红莲"一名与之相同，似有交错关系，但《红莲记》年代较早，大约北宋时已有此故事，见谭辑资料（第165~170页），苏轼传说早见于《冷斋夜话》等书，谭辑157页引《古今诗话》说五代时至聪禅师事，故事年代最早，其"沩向红莲一叶中"诗，亦为《红莲记》《月明和尚》二者所袭用。《古今诗话》大约亦北宋人著，当为最早出处。

《西湖游览志馀》卷二十记陶真源流，"若红莲、柳翠……皆杭州异事，或近世所拟作者也"。可资参考，但不可全信。鄙意，《红莲记》即《明悟禅师赶五戒》，当早于《月明和尚》，不能谓之"新枝"。虽同为"败道"情节，同有红莲其女，但一为主动，一为被动，后者重点在度柳翠，如元杂剧即不演前生事，无淫女装局骗情节。

柳宣教迫令红莲行骗，与《玩江楼》之柳耆卿命船夫强奸周月仙有某些相同之处。使用此种局骗之人都姓柳，我国古代说书人有将某姓与某种人固定牵合之习惯用法，此二处是否如此，亦可注意。

按，程大学长系小说史名家，见解高超。除笔者学习受益外，谨录出供读者参考。

龙女和柳毅的传承

一

中国先秦的水神形象似乎多种多样,并未定型。研究者常引用的有以下的记载:

《史记·秦始皇本纪》:"始皇梦与海神战,如人状。问占梦,博士曰:'水神不可见,以大鱼蛟龙为候。'……"

研究者常引此段用以说明:(1)"水神""海神"二词,在现存古籍中始见于此处。(2)海神是"人状","蛟龙"之类仅是海神的"候",即带象征性的前哨。所以,后世如晋代张华,在《博物志·异闻》中也记载说:"水神乘龙鱼。"就是说,龙只是水神的坐骑罢了。《山海经》中常见大人物乘龙的记载,而且乘的都是两龙,如:"祝融乘两龙","夏后启乘两龙","蓐收乘两龙","句芒乘两龙","冰夷乘两龙"等。证以出土文物,如湖南长沙子弹库楚墓出土帛画"人物御龙图",驾一龙。长沙陈家大山楚墓出土帛画"人物龙凤图",有一龙一凤前导。而出土的先秦车马组合,一马、二马、四马驾车的都有。以驾马喻驾龙,似乎乘驾一龙尤其是乘两龙及两龙以上,是身份的标志。但无论如何,都显示出龙只是供人驾驭,带人上天的一种动物。

河伯,据《山海经·海内北经》载:"人面"。《楚辞·九歌·河伯》的描述是:"乘水车兮荷盖,驾两龙兮骖螭","乘白鼋兮逐文鱼"。值得注意的还有一段记载:《楚辞·天问》中"胡射夫河伯"句王逸注:"传曰:河伯化为白龙,游于水旁,羿见,射之,眇其左目。河伯上诉天帝,曰:'为我杀羿。'天帝曰:'使汝深守神灵,羿何从得犯汝?今为虫兽,当为人所射,固其宜也,羿何罪欤?'"以上引据说明:(1)龙是给河伯驾车的,在水中身份不高,与骖驾的螭同驾。螭是无角的龙,下真龙一等,所以驾不了辕,只可骖驾。但它们是同类无疑,相当于水中之马和驴。(2)龙只是水中的"虫兽",被人所射,活该。(3)龙是神格化的"人"——"河伯"变化成龙形,而不是如后代所传的龙王之龙——兽类化成人形。

从上述材料中,我们已经知道,龙在水中可以充当驾车之用,驾车后就可上天,并能环游四方。此种记载在《楚辞》中习见。约举如下:

龙驾兮帝服,聊翱游兮周章。

(《云中君》)

驾飞龙兮北征。

(《湘君》)

乘龙兮辚辚,高驼兮冲天。

(《大司命》)

驾八龙之婉婉兮,载云旗之委蛇。

(《离骚》)

《大戴礼记》中也记载黄帝、颛顼、帝喾等王者乘龙巡游之事。《括地图》中也记载禹乘天降之二龙巡狩,到了南方,禹的敌人防风一见大怒,把龙给射跑了。

以上材料说明,中国古代水神的形象多种多样,很不统一,显示出并未定型的样子。但水神并不是龙,龙不是水中的王者。所谓水里有"龙王",且由许多"龙王"分治江、河、湖、海各水域的概念,在先秦两汉并未形成。"龙王"的眷属,如"龙女"之类更没有出现。

随着佛经汉译,南亚次大陆的"龙"与"龙王",以及诸如其中的娑竭罗龙王（梵语Sāgara-nāgarāja的音译，意为"咸海之龙"），水天（梵语Varuna的意译，音译"缚噜拏"）等神话传说被陆续引入。佛经中有关记载极多，兹综合《龙象经》（《中阿含经》卷第二十九），《过去现在因果经》卷一，《普曜经》卷二，《修行本起经》卷上，《佛本行集经》卷一，《海龙王经》卷三，《法华经》卷一和卷四，《金光明最胜王经》卷一，《华严经》卷四十三，《大集经》卷五十八，《大智度论》卷三、卷十四、卷三十，《大唐西域记》卷一、卷三、卷八等佛书中的记载，大致如下：

1. 龙通常住在水中，蛇形，有无足、两足、四足、多足等多种。可在地上和空中运行。这一点被中国人改造了，南亚龙到了中国，越来越显现出或者说变成中国龙的模样。

2. 龙能兴云致雨，以滴水即能润泽天下。这一点被中国人特别是小说家发挥得淋漓尽致，如唐人传奇中李靖行雨的故事，《西游记》中魏徵梦中斩龙的故事，均具有代表性。

3. 龙之首领为龙王。龙王不止一位，有五大龙王、七大龙王、八大龙王的各种传说，大约是分治各水域。中国人发挥成五湖四海三江均由不同龙王统治。

4. 龙是一族，龙王的"眷属"有龙王妃、龙女、龙子等。有一位龙女，年方八岁，即以献珠受持《法华经》之功德，在释尊前立即转男身成佛。但是龙女成佛故事情节简单,中国的小说家没有怎么采用。中国人却在爱情故事等方面将龙女故事发挥到极致:中国的龙女都很美貌,并且正派,全是青衣,并无花旦,没有狐狸精那一派作风;她们还都很忠于爱情,与野狐精之采补伤人正相反。

5. 龙居于水中(常在海底),有龙宫,其中宝藏甚多,包括摩尼珠(如意珠)与全部佛藏(一切经)等"法宝"。再加上释尊降生时二龙喷水为之沐浴(中国人增加到"九龙吐水"),所以,龙王也是"护法"神。这一点也经过中国人改造,中国的龙王归入玉皇大帝系统管辖。但对于佛祖仍很尊敬,西天有事,也可指派。

6. 龙能变为人形,但据《因缘僧护经》(东晋"失译"本)记载,佛说:"龙有五法,不能隐身:一者生时(生育时),二者死时,三者淫时,四者嗔时(生气、战斗时),五者睡时(包括上床、瞌睡与入梦等系列过程),是为五事。"可是,如果刻板地按这五事办,特别是关联到第三和第五事,龙女与人类的恋爱就不好办了。所以,到恋爱、婚姻之际,从古代南亚次大陆到中国,都是变通办理。但是,有时也难免露出些原形来。例如,《柳毅传》中钱塘君赴战的场面,就是挣开锁它的锁链原形而去。还有一些例子,具见下文所述。

以上所述这些古代南亚次大陆的龙王故事,经过佛经翻译传播,特别是经过脱胎换骨式的汉化改造,逐渐统一成中国式的龙王。如近世佛道两教以及民间信仰所供奉的，常作中国式龙头形象，身穿帝王服，司行雨之职。龙王居龙宫之中，珍宝极多。可是佛经中所说的"藏经殿"不见了，起码是隐蔽起来，不怎么提了。中国人创造的虾兵蟹将、巡海夜叉、歌儿舞女等，后来倒添了许多。这是汉化龙王脱离佛教的标志。龙王例有一大批眷属，肯定有美貌如人间公主的女儿。这些变化，大约在隋唐之际已经完成。《太平广记》四百一十八至四百二十五诸卷所记龙的故事，其脱离佛教变化多端者，多出自六朝末期至唐五代，如"震泽洞""李靖""释玄照""凌波女""陶岘""刘贯词""任顼"等均是。最值得注意的是，唐代文人创作中，出现了风鬟雨鬓的龙女牧羊的形象。

东晋时，佛陀跋陀罗和法显集译而成的《摩诃僧祇律》卷三十二载有一则龙女故事。梁代宝唱等所编《经律异相》卷四十三引录，题为"商人驱牛以赎龙女得金奉亲"。以用类书节引之法，文字芟略不少。《法苑珠林》和《太平广记》卷四百二十复引之，题为"俱哆国"，文字据当时通行的书面语改动不少。兹据《大正藏》本《摩诃僧祇律》标点，具引如下：

商人驱牛以赎龙女得金奉亲

佛住舍卫城南，有大林邑，商人驱八牛到北方俱哆国。复有商人，共在泽中放牛。时离车捕龙食之，得一龙女。龙女受布萨法，无害心，能使人穿鼻牵引。商人见之，即起慈心，问离车言："汝牵此欲作何等？"答言："我欲杀啖。"商人言："勿杀。我与汝一牛，贸取放之。"捕者不肯，乃至八牛，方言："今为汝故，我当放之。"即取八牛，放去龙女。时商人复念："此是恶人，恐复追逐，更还捕取。"即自随逐，看其所向。到一池边，龙变为人身，语商人言："天施我命，今欲报恩。可共我入宫，当报天恩。"商人答言："不能。汝等龙性卒暴，瞋恚无常，或能杀我。"答言："不尔。前人系我，我力能杀彼，但以受布萨法，故都无杀心；何况天今施我寿命而当加害。若不去者，小住此中。我今先入，屏挡宫中。"即便入去。是龙门边见二龙系在一处，商人见已，问言："汝为何事被系？"答言："此龙女半月中三日受斋法，我兄弟守护此龙女不坚固，为离车所得，以是故被系。唯愿天慈，语令放我。此龙女若问欲食何等食者，龙宫中有食，尽寿乃能消者；有二十年消者；有七年消者。有阎浮提食。若索者，当索阎浮提人间食。"龙女屏挡已，便即呼入，坐宝床褥上。龙女言："天今欲食何等食？"答言："欲须阎浮提人间食。"即下种种食。问龙女言："此人何故被系？"龙女言："天但食，用问为？""不尔，我要欲知之。"为问不已。龙女言："此有过，我欲杀之。"商人言："汝放彼者，我当食耳。"白言："不得直尔放之，当罚六月摈置人间！"——即罚六月人间——商人问言："汝有如是庄严，用受布萨为？"答言："我龙法有五事苦。何等五？生时龙，眠时龙，淫时龙，嗔时龙，死时龙。一日之半，三过皮肉落地，热沙抟身。"复问："汝欲求何等？"答："我欲求人道中生。"问："我已得人身，应求何等？"答言："出家难得。"又问："当就谁出家？"答言："如来、应供、正遍知，今在舍卫城。未度者度，末脱者脱。汝可就出家。"便言："我欲还归！"龙女即与八饼金，语言："此是龙金，足汝父母眷属终身用不尽。"语言："汝合眼！"即以神变持著本国。行伴先至，语其家，言入龙宫去。父母谓儿已死，眷属宗亲聚在一处，悲号啼哭。时放牧者及取新草人见已，先还语其家，言某甲来归。家人闻已，即大欢喜，出迎入家已，为作生会。作生会时，以八饼金持与父母："此是龙金，截已更生。尽寿用之，不可尽也。"

下面先解释几个专门性词语：

离车：梵语Licchavi的音译。意译"薄皮（氏族）"，古代南亚次大陆刹帝利种姓中居住在毗舍离（梵语Vaiśālī的音译）城中之一个氏族之专名。此处似用来指称捕龙的那位商人是该氏族中一员，不是那商人自己的名字。前文的"大林邑"，是梵语Mahā-vana的意译；"俱哆国"，是梵语Kuru的音译，"北方俱哆国"，通行的译法是"北俱卢洲"，佛经中常说的"四大部洲"之一。

布萨法：布萨，梵语Upavasatha的音译，意译为"净住""善宿""长养""断增长"。布萨法是佛教徒四众定期学习戒律，忏悔所犯罪过的一种方式。出家僧尼每半月（十五日与二十九日或三十日）集会一次，专诵戒律，称为"说戒"，长养谓能增长善法。龙女所行的是在家二众的布萨法。即每月的八日、十四日、十五日、二十三日、二十九日、三十日受持"八关斋戒"，上半月、下半月各三天。故下文有"半月中三日受斋法"。

天：古人认为天是最高主宰和人类必须依靠的对象，是万物受其复育并赖以生存的实体。此处称救命恩人为"天"，是感激敬重之极的称呼。近代妇女在哭喊亡夫时，常叫喊："我的天哪！"含义及用法与此相近。

阎浮提：梵语Jambu-dvīpa的音译。佛教所说须弥山四方咸海中有四洲，南方即此洲，故又译为"南赡部洲"。传说中国在此洲之上。阎浮提食，意为人间食品。

如来、应供、正遍知：释迦牟尼佛有十种称号，称"十号"，此处以三种连称一人。如来，梵语Tathāgata的意译，音译"多陀阿伽陀""答塔葛达""但佗义多"等。"如"亦名"如实"，即真如，指佛所说的"绝对真理"，循此真如达到佛的觉悟，故名。应供，梵文Arhat的意译，音译"阿罗汉"。意为已断一切之恶，应受一切人天供养。正遍知，梵语Samyak-sambuddha的意译，又译作"等正觉"，音译"三藐三佛陀"，简称"正遍"，意为知一切之"法"。

神变：佛教术语。《法华玄赞》卷二："妙用无方曰神，神通变异曰变。"按，佛教之神变分三类：说法神变，教诫神变，神通神变。此处龙女所为，是神通神变。后世中国神魔小说中略称为"神通"，更加变化多端。

本则故事大约原为古代南亚次大陆神话，佛教取来略加改造，说明：轮回万物中唯人身难得，得人身后最好出家学佛修行。看来，故事本身比佛教教义产生得早，并非专为说教而设，所以，它的覆盖面比教义需要的宽广得多。例如，龙女是很有"神变"的，对付那个"离车"绰绰有余，只因在"布萨"期中，就被擒穿鼻随行，不敢反抗。被救后也声明"都无杀心"。可是她到了龙宫，就要杀麾下的两条龙，因为他俩没有保护住龙女，让"离车"得了手。何其先善后恶乃尔？看来，它反映了古代奴隶制社会中，特别是南亚次

085

大陆"种姓"社会里，低一层对高一层的人的驯服与对下一层的粗暴（甚至任意杀戮）。如果从现代的角度去看，就会觉得龙女的性格前后不一，实则它正是那个时期南亚次大陆社会生活的折射。它所反映的现实，远比佛教利用的要多。

这则故事虽不长，情节却相当多而曲折，其间交代斗榫，相当严密。如，龙女被放后，如果商人不是为了怕她再被捕而随行，这故事也就简单告终。龙女变人，约商人入龙宫，商人惧怕，龙女譬解，商人释疑从入。可是一波方平，一波又起。那龙女门边，系着二龙。龙女入内，二龙与商人有了谈话之机。二龙说明被系原因，并告诫商人不可吃自己消化不了的食物，央求商人说情。这又引起读者的兴趣，等待下文。商人入龙宫后，有一段与龙女的对话，内含佛教的说教，即"人身难得"，应及早学佛。这是佛教利用此一故事的正工，但较之原来的应属报恩类型的故事，主题略显游离。

这个故事的原型，肯定是一则报恩类型的故事，不过情节铺叙比中国古代土生土长的"黄雀衔环""隋侯得珠"之类动物报恩故事要复杂得多，略见南亚次大陆文学的繁缛风格。这都给后来的中国文学特别是小说的创作以多种影响。

从故事的主人公看，有三点值得说一说：一点是，主人公有两位，一位是商人，一位是龙女。报恩类型故事中，施恩者为第一主人公甚或是唯一的主人公，已成定式。因此，在本则故事中，第一主人公肯定是商人，这大约是原故事创造者或说是传承下来的一代一代述说者的本意。可是，佛教利用它的时候，让大段说教从龙女口中说出，故事的下半部分中龙女又成为主动者和主宰者。这就提高了龙女在故事中的地位，使之成为不次于商人的在故事中占重要地位的第二主人公。这种男女两主人公双峰并峙的安排，影响了后来中国类型龙女故事的构思，使之脱离了一般报恩类型故事只强调施恩者的窠臼，而形成另一类型。另一点是，第二主人公（受恩者）安排为"龙女"。按这则故事情节的需要看，龙的性别、年龄并不重要，说是龙子、老龙也未尝不可。龙女形象的出现，一则说明可能另有些浪漫的情节被使用它的佛教徒给阉割掉了；二则给仿效者的无限的浪漫想象打下基础，启发他们从男女之情方面来改造、生发、升华。

最后一点是，富有的商人作为正面主人公出现。关于早期佛教与商人的关系，季羡林先生有一段简短概括的话：

释迦牟尼同商人似乎有特殊的关系与联系。他成佛后不久就接受两个商人奉献的食品。见了瓶沙王以后，又认识了大长者（大商人）给孤独。给孤独在舍卫国布金满园买下了精舍，赠给释迦牟尼。他成了佛教的居士。当时在摩揭陀国，在拘萨罗国，商人都是腰缠万贯，在社会上占有很重要的地位。摩揭陀王室也参与贸易活动，大概双方互相利用，共同发展，因而才结成了密切关系。如来佛在几十年传教活动中，到过许多国家，走的路也都是当时主要的商道。在涅槃前游行时也走的是商人道。同商人的接触一定会是很多的。居士中间阔人富人占多数。（《论释迦牟尼》）

因此，佛经中常树富商为正面人物。本则故事中正是如此，商人与离车是正反两面代表人物。商人从施恩报恩中最终受益，这也是报恩故事情节的定式。

写龙女报恩，今所见始于此篇。据法显译《摩诃僧祇律》之《私记》载，于东晋义熙十四年（418年）二月末译毕此书。这则故事可能即从此在汉地传播。从我们前引《太平广记》中有关龙女故事诸篇可以约略推知，从六朝至唐代，作为水中主宰的神龙、龙王、龙女等故事有多种类型流传。流传中已逐渐与佛教脱离，走向世俗化与汉化。它们肯定直接间接地受到我们前述的许多汉译佛经中所载龙的故事的启发，并自行生发。"龙女报恩"的故事，早晚会给中国作家以启示，启发他们活用"报恩"情节，自创中国龙女形象。此类故事中，堪称为中国式龙女故事典范作品的，当推李朝威的《柳毅传》。

《柳毅传》脍炙人口，不烦具引，辄作分析：

1.《柳毅传》是唐代中国人自己创作的龙女故事，它已完全脱离佛教，而发展成一个中国类型的神异故事。中国的龙女更加美丽、善良，最后以一个圆满的爱情作为结束。那可是出家人不宜宣传的，除了严惩"破戒"的说教类型故事外，佛教文学作品中赞美真正的爱情的作品极少。龙女和商人的关系是淡淡的，最后落实于金钱报恩，在青年男女看来，相当乏味。中国人创作中的龙女，从翻译文学作品遗貌取神，化洋说教为中国神奇，真是脱胎换骨之作。可是，钱塘君于愤怒中必以原身飞去赴战，却暗示受到佛经中所说"嗔时"的龙不能维持所化人身，只可现原形的约束。

2. 最值得注意之处，就是主人公的身份换了。柳毅是一位"应举下第，将还湘滨"的知识分子。按，唐代举子下第归乡，是当时知识分子生活中一件带普遍性的大事，屡见于诗文歌咏记载。下第人除了归隐（当土地主或授徒），准备再度应试，做幕，或改行（经商，唐宋的记录比明清时少得多）以外，大致没有别的出路，再有就是死路一条或造反（可能性极小）了。如果还想找别的出路甚至捷径，那只有驰骋想象，靠做"白日梦"的办法，靠创作小说去实现。

唐代小说中描写的下第知识分子的白日梦，大致可分两类。

一类是《枕中记》和《南柯太守传》这一水分流的两支派；另一类则是本文中主要讨论的《柳毅传》之类故事，它们指给下第士子的道路，是遇神女成仙。《裴航》是另一个例子。这是另一种安慰下第士人的"白日梦"。必须指出，作者都是知识分子。中国的知识分子,从来要顽强地表现自己。他们是不会让商人做主角的。清人笔记《水窗春呓》卷上(欧阳兆熊著)之"左相少年事"条,引左宗棠题洞庭君(指的是接替老丈人当洞庭君的柳毅)祠联曰:

迢遥旅路三千,我原过客;
管领重湖八百,君亦书生。

欧阳兆熊对此联的评语是:"意态雄杰!"实际上是说,柳毅是给读书人扬眉吐气啦!

3. 《柳毅传》文采斐然,摇曳生姿。情节迷离惝恍,起伏跌宕。人物如柳毅、龙女、洞庭君、钱塘君,都写得很有个性。这是"有意为小说"的结果,唐人传奇中上品。看来,这与前人早已指出的"行卷"有密切关系,故作者在作品情节、结构安排与显现人物性格方面刻意求工,又带着浓厚的应举士人本色。

4. 在中国文坛上,唐人传奇中开始出现一批性格鲜明有血有肉各具特性的妇女形象。这与唐代社会比较开放有关。另一方面,恐怕也与"行卷"这类露才扬己之事不无关联。男性,特别是知识分子,包括举业的"主司",谁不想听听异性新闻、桃花事件,可是,"文各有体",只有故事性作品才适于完整地塑造完美的妇女形象,当时只有传奇这一新兴体裁能完成这一任务。而且，"文备众体，可以见史才、诗笔、议论"。从《柳毅传》来看，龙女的形象相当完美，与霍小玉、莺莺、李娃等各有千秋，并列而无愧焉。李朝威不愧大手笔，他着意刻画了这一风鬟雨鬓的动人形象。历代小说中的龙女，只有她最站得住。

5.《柳毅传》中，时代的折射也极为明显。钱塘君主动出击，与那位作恶的小龙会战，把原是他的侄女婿的小龙给"吞"了。其中不免折射出中晚唐藩镇割据既结为姻娅又互相吞并战斗的影子。另一种类型的小说则有《虬髯客传》，那是明显的劝告有能耐有力量的割据者，不必造唐朝中央政府的反，可以到海外自谋出路。后来陈忱写作《水浒后传》，更以长篇详细描述农民起义瓦解后另一条可能的生路。

6. 中国人改造外来故事，极少拿着原稿照搬，利用几种不同内容的故事，取自己当时所需，七拼八凑，却是常见。有的情节，递嬗恐非一代，经过豆棚瓜架下一代代的"姑妄言之"，不断转换嵌合打磨，才形成一个个新的故事或新故事中的传统性情节。例如，龙女与人类结婚，从南亚次大陆传来的故事不止一种。说"柳毅"故事主要脱胎于我们前述的龙女与商人的故事则可，说仅仅是这一则报恩故事的翻版则不可。《大唐西域记》卷三"蓝勃卢山龙池及乌仗那国王统传说"那一则龙女与流亡贵族的恋爱与婚姻故事，在唐代

大约也流传甚广。今综述其故事大意如下:

释迦牟尼佛的祖国遭到侵略,一个"释种",即释迦的一位同族(当然属于刹帝利种姓)青年逃出城,半路上有一头大雁飞到他的面前止住,他就乘大雁抵达蓝勃卢山的龙池停下。池边一位龙女正变成人形,在那里玩耍,要与他恋爱,可是,越不过"五时龙"变不成人的局限。龙女说:"况乎积祸,受此龙身,人畜殊途。"但这个青年发誓说:"凡我所有福德之力,令此龙女举体成人。""龙遂改形"。故事中就此巧妙地解开"五时龙"的死结,于是入龙宫,成婚。释种看见龙宫中别的龙(包括他的岳父母)不能总维持人身,五时变龙,很不习惯。老龙王就给释种一把宝剑,裹在白毛毯之中,叫他去乌仗那国(梵语Udyāna的音译,通常译作"乌苌")行刺。他托言献白毛毯,见到国王。国王扯起毛毯,释种抽出藏在其中的宝剑,将国王刺死(中国人会联想到"荆轲刺秦王")。他仗着宝剑震慑臣民,登基当了新国王。龙女成了王后。可是,"龙女宿业未尽,馀报犹在。每至嬿私,首出九龙之头"。虽然不是全身变回龙体,可是人头上又出九个小龙头,也够吓人的。——这让人想起希腊神话中那位"墨杜萨",她的头发被雅典娜化作麇集的毒蛇。——释种趁龙女熟睡,把头上安头的小龙头给砍了。龙女惊醒,说:"斯非后嗣之利。非徒我命有少损伤,而汝子孙当苦头痛。""故此国族常有斯患。虽不连绵，时一发动。"这位篡位登基的国王驾崩后，龙女眼睛瞎了，还是释迦牟尼佛给治好的。这是故事的后半部分，是为佛教做宣传的。估计中国民众爱听的，还是前半部的恋爱故事吧。

《大唐西域记》在唐代是名著，流传甚广，敦煌遗书中尚有残卷。《柳毅传》的作者想必会见到，至少听到过这样的同类故事，从而丰富了自己的创作意匠。但是，这个故事中，有许多南亚次大陆原始性的不太容易被中国文化接受的内涵。例如，入人之国，用荆轲刺秦王手段刺杀其君（其君非昏君却因好客受礼而中计）而登位，不合中国道德，中国作家一般不会采用的。观《水浒后传》的处理方式，便可理解中国文人如何用意。就说唐人传奇吧，那虬髯客也是统率大军堂堂正正杀入小国夺位的。到了明清时代，受朱子思想影响，陈忱就更不敢写无故攻城略地了。明初，郑和下西洋就是和善处理与外国的关系，毫无"殖民"观念，与后来的西方航海家的思想背道而驰。其是非得失不在我们此处论列。

倒是南亚次大陆龙女的"淫时龙"不能变化的老传统在《柳毅传》中还留下一些影子。龙女说："勿以他类……"就透露出这一有点自惭形秽的消息。再有，送信时，叩树三发的动作，在中古小说中几次出现，但中国上古故事中不见此种记载，判断也是从外来故事情节变化而来。可见，一篇唐人传奇中能糅合进许多外来故事情节，不宜简单化地剖析之。

二

龙女报恩故事之来龙，大致如上述；而其去脉则大致结穴于宋代《朱蛇记》。明清小说仿作，大致不出唐宋两作范围。

《朱蛇记》今首见于北宋刘斧编辑的《青琐高议》后集卷之九，题为《朱蛇记——李百善救蛇登第》。南宋范成大纂《吴郡志》，书成于绍熙三年（1192年），其卷四十六"异闻"类收此文简本，文字压缩一半以上（刘氏编纂之文字约1300字，范氏压缩至不及600字），但内容赅备，仍题《朱蛇记》。

亦承程毅中学长指出：（1）元人《湖海新闻夷坚续志》前集卷二《放龙获报》亦节录此记。（2）《清平山堂话本》题作《李元吴江救朱蛇》。为半语体较早形态。明代冯梦龙辑《古今小说》，题为《李公子救蛇获称心》，编为卷三十四，可称此故事最后的"定本"。诸书不赘引。

李朝威在创作前，肯定听到过许多龙女故事，并直接间接受过商人救龙女故事的影响，殆无疑义。那么，《朱蛇记》的作者，则必然读过《柳毅传》，并想别出机轴在布局和人物选择安排方面力避过于蹈袭。当然，也带上了他自己所处的时代色彩。可是，《朱蛇记》的作者似乎没有从商人救龙女故事和乌仗那国龙池故事等处汲取任何营养——可以大胆判断他没有读过，故而从根本上缺乏带一点异域情调的浪漫色彩。

《朱蛇记》中，获救对象朱蛇是吴江安流王的龙子朱浚所化，挫辱朱蛇的是一些顽童，"不知者不怪罪"，责任由朱浚自负，这令人想起前引的河伯化龙遭射自负其责的故事，刘斧不会没有读过《楚辞章句》吧！顽童不必负责，钱塘君大战那一段极为神奇（可是"伤稼八百里"）的故事情节就可以免去，那样的配角也可不用了。李元入水是朱浚来请，寄书情节自然取消。龙王报恩一用"白金百斤"，一遣"女奴""云姐"。送白金，特别声明："珠玑之类，非敢惜也，但白金易售耳！"返观对柳毅的馈遗："碧玉箱，贮以开水犀"；"红珀盘，贮以照夜玑"；"绡彩珠璧，投入毅侧，重迭焕赫，须臾埋没前后"；"赠遗珠宝，怪不可述"；相去何啻霄壤。可以肯定地说是源自古代南亚次大陆故事中的那些豪华施与，在此处变成小市民式的金钱银两。遣云姐，目的是两次偷试题，这龙女只是个报恩工具，并非为自身报恩，因此有单纯任务性质，办完了事立即告辞。大约作者也认为如此结尾太平淡了，因此以祖饯赋诗为殿。这一招，大约还是从唐人传奇《红线》的结尾那儿学来的呢。

龙女由受恩对象变成为他人报恩的工具，这就背离了"龙女报恩"故事天竺原型的模式。这说明，从刘斧到清代撰写《西湖主》《织成》的蒲松龄，只见过《柳毅传》，在它的笼罩下力求花样翻新，而终不能超乎其上。甚矣！唐人传奇之不可及也！

　　龙女变为工具使用的结果，使全篇大为减色。浪漫色彩全无，只剩下施恩报恩的一笔交易。文章不怕世俗化，而怕市井化。如果说《柳毅传》点石成金，《朱蛇记》则又点金成铁矣。

　　究其原因，尝试论之，拙见以为：

　　1. 宋代科举考试更加正规化，注重考试本身，而不像唐代那样，环绕考试，有许多诸如"行卷""荐举头"之类的花活。把窃取或说预知试题或文字关节等事，安排为主要故事情节，视为解决问题的重要手段，这一点，宋代以下特别是明清的笔记小说中常有各种形式反映。例如，《清平山堂话本》中《欹枕集下》的《姚卞吊诸葛》一则，竟说姚卞梦见诸葛亮派黄巾使者预告试题。真乃厚诬武侯也。《朱蛇记》的反映最为赤裸裸——偷题，而且津津乐道，不以为耻。说明作者对科举的过分热衷，见识卑下。它是宋代以下腐朽的封建官僚文官制度与科举制度从一个小窗口的折射的反映。

　　2. 《青琐高议》文题之下多系以七言，鲁迅先生以为：

"甚类元人剧本结尾之题目与正名,因疑汴京说话标题,体裁或亦如是,习俗浸润,乃及文章。"(《中国小说史略·宋元之拟话本》)这说明它有作为说话底本的底本的可能。它的服务对象是市民阶层,因此带有极深的市井气。《朱蛇记》很反映这种气息。市民阶层并不追求不可企及而且可能带来危险的炫目的暴富,"白金百斤"已达欲求极点。市民阶层也不大讲什么原则和脸面,只要达到做个"小官"——同上理由,不企求大官——的目的,偷个把题不算什么,"元多对所亲言之"。后果呢,也没什么,"元今见存焉"。有点小富贵,足矣。

3. 鲁迅先生在《中国小说的历史的变迁》中说:"唐人小说少教训,而宋则极多教训……加以宋时理学盛极一时,因之把小说也多理学化了,以为小说非含有教训,便不足道。"《青琐高议》以"高议"自许,有些篇后便加上刘斧的"议曰"。如《朱蛇记》之后的"议曰"云:

　　鱼蛇,灵物也,见不可杀,况救之乎?宜其报人也。古之龟蛇报义之说,彰彰甚明,此不复道。未若元之事,近而详,因笔为传。

可见,写作本篇是想与古代传统的动物报恩故事"隋侯蛇珠""孔愉龟印"相比类,教育人们不可滥杀灵物以期获报而已。取《柳毅传》之部分结构，乃是意在比龟蛇报恩故事略作曲折变化，却反不如简短明晰的龟蛇报义故事之不蔓不枝恰到好处。作者人生观之影响作品，在《朱蛇记》中显得特别突出。

唐宋以下，写龙女报恩故事之牵合科举者，常在《柳毅传》与《朱蛇记》这二水分流处形成支派。高，不能企及《柳毅传》；低，也就是《朱蛇记》的水平。今人评宋人传奇，当然以为不如唐代，但对市民文学则褒多于贬。拙见以为，宋人传奇，其中一部分当与市民文学联系在一起研究，特别是成为话本祖本的，更宜如此。就《朱蛇记》之类作品观之，不可对宋代文化中这些部分评价过高。

最后，似应提到《太平广记》卷四百九十二有不著撰人之《灵应传》，研究者多认为系受《柳毅传》影响而力求摆脱自作部署者，故铺陈九娘子之贞洁与郑承符之勇略，且有连篇累牍之"史笔""议论"式应答。那是不得志的低级军官的白日梦，且缺乏浪漫情节。后世仿作极少。倒是《聊斋志异》中的《西湖主》等篇，几乎完全见不到南亚次大陆故事影响的痕迹，形成一种中国式的人与非人（神仙）恋爱婚姻故事，往往也不涉及报恩与否了。中国人神恋爱故事有自己的一套古老传统与源流，如董永故事、牛郎织女故事等均是。但此种故事的结局常为隔水相望而又有重圆可能。《西湖主》亦不能脱此窠臼。

封建士子的白日梦

一

1934年出版的《文学》杂志二卷六号上，载有霍世休先生的论文《唐代传奇文与印度故事》（北京大学出版社1989年出版的《中国比较文学研究资料》一书中转载了此文）。霍氏文中，综论唐代传奇文受佛经中传来的印度故事之影响，有云：

六朝志怪的作品多窃取佛经的故事或外来的传说，加以粗枝大叶的叙述，用意所在也不外阐幽明，证报应，"发明神道之不诬"。唐代传奇文，在意境或题材上，当然也不是毫无所本，却比较地能够融会贯通，经过相当的消化作用，不像六朝人的生吞活剥；而叙述的婉转，情节的曲折动人，以及洋洋洒洒的篇幅，处处说明作者的有意为文。胡应麟所谓"唐人作意好奇，假小说以寄笔端"，便是这种意思。我们试拿来和六朝的志怪作一比较，其间的差异是很显然的。

又云：

好些唐代有名的传奇文，差不多我们都可以在佛经或印度的故事里找着它的渊源。六朝输入的佛教文化，到唐代既已普遍地弥漫于社会，而当时的译经事业以及与胡人（印度人在内）往来的频繁，更是前古所未有的大事。一般传奇文的作者，于耳濡目染之际，从而取材或受到暗示，也是极自然的事情。

应该说明，在20世纪30年代的我国比较文学研究中，此文发明甚多。如上所引，都是经过认真研究才得出的真知灼见的话。优点为脚踏实地，用开掘得来的具体材料说明问题。此章所引用的材料，基本上是霍氏文中引据的那些；我们此书中的主要观点，有一些可以说是霍氏此文的生发，在此亟合说明。

二

我们这一章，主要讨论梦入幻境的故事。这类故事古今中外流传不少，总的特点似乎是：梦中经历与做梦前的生活现实大不相同，似成对比。今所见中国人写的这类故事的最早样品有二，均载于《列子》卷三：

> 周穆王时，西极之国有化人来，入水火，贯金石；反山川，移城邑；乘虚不坠，触实不碍。千变万化，不可穷极；既已变物之形，又且易人之虑。穆王敬之若神，事之若君。推路寝以居之，引三牲以进之，选女乐以娱之。化人以为王之宫室卑陋而不可处，王之厨馔腥蝼而不可飨，王之嫔御膻恶而不可亲。穆王乃为之改筑。土木之功，赭垩之色，无遗巧焉。五府为虚，而台始成。其高千仞，临终南之上，号曰中天之台。简郑卫之处子娥媌靡曼者，施芳泽，正蛾眉，设笄珥，衣阿锡，曳齐纨，粉白黛黑，珮玉环，杂芷若以满之。奏承云、六莹、九韶、晨露以乐之。日月献玉衣，旦旦荐玉食。化人犹不舍然，不得已而临之。居亡几何，谒王同游。王执化人之袪，腾而上者中天乃止。暨及化人之

宫。化人之宫构以金银，络以珠玉；出云雨之上，而不知下之据，望之若屯云焉。耳目所观听，鼻口所纳尝，皆非人间之有。王实以为清都、紫微、钧天、广乐，帝之所居。王俯而视之，其宫榭若累块积苏焉。王自以居数十年不思其国也。化人复谒王同游，所及之处，仰不见日月，俯不见河海。光影所照，王目眩不能得视；音响所来，王耳乱不能得听。百骸六藏，悸而不凝。意迷精丧，请化人求还。化人移之，王若殒虚焉。既寤，所坐犹向者之处，侍御犹向者之人。视其前，则酒未清，肴未晞。王问所从来。左右曰："王默存耳。"由此穆王自失者三月而复。更问化人。化人曰："吾与王神游也，形奚动哉？且曩之所居，奚异王之宫？曩之所游，奚异王之圃？王间恒疑暂亡。变化之极，徐疾之间，可尽模哉？"王大悦。

另一则为：

周之尹氏大治产，其下趣役者，侵晨昏而弗息。有老役夫，筋力竭矣，而使之弥勤。昼则呻呼而即事，夜则昏惫而熟寐。精神荒散，昔昔梦为国君，居人民之上，总一国之事，游燕宫观，恣意所欲，其乐无比。觉则复役。人有慰喻其勤者，役夫曰："人生百年，昼夜各分。吾昼为仆虏，苦则苦矣；夜为人君，其乐无比。何所怨哉？"尹氏心营世事，虑钟家业，心形俱疲。夜亦昏惫而寐，昔昔梦为人仆，趋走作役，无不为也；数骂杖挞，无不至也。眠中魇呓呻呼，彻旦息焉。尹氏病之，以访其友。友曰："若位足荣身，资财有馀，胜人远矣。夜梦为仆，苦逸之复，数之常也。若欲觉梦兼之，岂可得邪？"尹氏闻其友言，宽其役夫之程，减己思虑之事，疾并少间。

按，《列子》虽托为周人列御寇之言，实为魏晋时代人所纂集，受佛经故事影响之处甚多。以上两则即明显受到《杂宝藏经》等佛经的影响。后来《二刻拍案惊奇》卷十九的《田舍翁时时经理，牧童儿夜夜尊荣》，就是上引《列子》中头一段故事的"现代化"。至于第二段故事，宋代洪迈《容斋四笔》中尝推论说："予然后知唐人所著《南柯太守传》《黄粱梦》《樱桃青衣》之类，皆本乎此。"鲁迅在《中国小说史略》里论到《枕中记》，也说："干宝《搜神记》有焦湖庙祝以玉枕使杨林入梦事，大旨悉同，当即此篇所本。"按，《太平广记》卷二百八十三"杨林"条，亦出刘义庆《幽明录》（《太平寰宇记》亦引，作干宝《搜神记》），不长，引录如下：

> 宋世焦湖庙有一柏枕，或云玉枕，枕有小坼。时单父县人杨林为贾客，至庙祈求。庙巫谓曰："君欲好婚否？"林曰："幸甚。"巫即遣林近枕边，因入坼中。遂见朱楼琼室，有赵太尉在其中。即嫁女与林，生六子，皆为秘书郎。历数十年，并无思归之志。忽如梦觉，犹在枕旁。林怆然久之。

即使我们认为《列子》中两则与《杨林》故事均源出佛经，但将上述四段故事加以比较，也可以看出：

1. 故事已经中国化、汉化。

2. 故事完全脱离佛教，而《杨林》一则却与道教或说是汉族本土的民间宗教挂钩。按现在所掌握的材料，它算是最早的。它开创了一个先例。从此，汉化的这类故事，除了晚期刻意求变化的有些自发而非自觉的"返祖现象"外，别的统统移植在以道教为代表的本土宗教土壤中去了。汉族从来有改造外来事物使之归化，即彻底汉化的传统，这类变化就是明显的例证。此种故事神异色彩甚浓，以纳入一种宗教范畴为宜。从佛教转贩而来的，若仍在佛教圈子里翻筋斗，还是出不了如来的掌心，索性跳出五行山外，泯灭本源，另寻归属，从此弃佛入道矣。

三

《太平广记》卷二百八十一有《樱桃青衣》一则，大意是：天宝初年，范阳卢子科举落第，宿一精舍中，入梦。梦中被一青衣婢女引入一宅中，此宅中人皆位居高官，他们为卢子娶一妻郑氏，卢子从此依靠郑氏之亲属，中科举，为官，荣华富贵，子孙满堂。后被惊醒，卢子才发觉这不过是一梦。

同类故事，就得说到著名的沈既济《枕中记》，《太平广记》卷八十二所引则题为《吕翁》。亦述其概略如下：卢姓书生，在邯郸的客店中遇见一个道士吕翁，卢生向吕翁讲述了自己追求功名的欲望，吕翁给他一个枕头。卢生倚枕入梦，梦到自己建功立业，出将入相，官至中书令，封燕国公，子孙满堂，享尽荣华富贵，年过八十病故。醒来时，店主的黄粱刚蒸熟，顿时感悟人生如梦。

这两篇故事，虽长短不一，繁简有异，但其情节、结构大同小异。它们显然是《杨林》故事的进一步发展，这种发展带有明显的时代色彩，而且决定了这类故事此后的发展趋向：

1. 故事的主人公，都是下第士子，他们代换了"贾客"

杨林。我们在前面分析"龙女"故事时已经谈过，尊重商人，让商人做故事中的正面角色，占据主人公地位，是原始佛教的传统。《杨林》犹存此种痕迹，而下第士子的出现，正具有唐代科举初兴时的特色，并从此与科举制度共始终。

2. 《樱桃青衣》一则中，卢子在精舍中听僧人"开讲"，还有些追本溯源的痕迹，可是结局却是"遂寻仙访道，绝迹人世云"。弃佛入道，恰似为这类故事的演变作具体说明。《枕中记》则干脆一开始就由道士吕翁出场，并担任重要的说教角色，做主题的说明人，这就比樱桃青衣之只不过是一件活动道具者强多了。

3. 从写作技巧看，《枕中记》最高。沈既济想必借鉴过《杨林》《樱桃青衣》。何以见得？

首先，他借用了《杨林》中的道具——那"枕有小坼"的"玉枕"而加以改造，成为"其枕青瓷，而窍其两端"，极为精致而且得用，确是一件"法宝"。所有权也很明确：乃是吕翁从囊中取出，自云"吾枕"，不像杨林所枕，似是焦湖庙庙产，非庙巫个人私有。这都大大提高了这件道具的身价，也不枉以"枕"为题。后来，此种道具又有变为"孔方兄"的，如《镜花缘》第九十九回的"钻钱眼"，最后被钱眼"把颈项套住，竟自进退不能"，则是它的近代化"比喻型"翻版。

其次，《樱桃青衣》一则，借助梦至精舍门，"见一青衣携一篮樱桃在下坐"导入梦境,梦游一番后,又从"昔年逢樱桃青衣精舍门"走出梦境。此青衣导卢子入其姑家后,便算完成任务。《枕中记》则如前面之分析,吕翁已成这篇小说中不可或缺之二号人物。《太平广记》卷八十二据《异闻集》而径题作《吕翁》,不为无因。由此连带产生的问题自然是:吕翁是哪位神仙?因其姓吕,汤显祖《邯郸记》沿宋人的一种说法,落实为吕洞宾。汤氏名声大,剧本流传广,后世多从之。实则宋代考证家已纷纷论证,大多认为时代不对。传说中吕洞宾开成年间下第入山,晚于《枕中记》中"开元七年"约两个甲子。吕洞宾的形象是中青年人,也不宜称"翁"。照我们看,神仙传说原是人造,其中抵牾甚多;小说戏曲更是姑妄言之姑妄听之。吕洞宾是神仙中名人,家喻户晓,戏剧中借他的名字一用,倒免得一般人追问吕翁是哪位。还有,邯郸道中邸舍主人蒸的"黍",经陈翰落实为"黄粱"(唐朝人认为是好饭食,杜甫诗"新炊间黄粱"可证),照应前后,以显时光之短暂,也比青衣那不能说明什么问题的樱桃要强得多。"黄粱一梦"之成为成语,非偶然也。《枕中记》选择的做梦地点也特别好,乃是在战国赵国以来的历史名城邯郸道中邸舍(旅店)之内,背景大环境与邸舍小气候都足够引发诗情文思——中国人是写行旅羁愁的能手——汤显祖剧作题名《邯郸记》,良有以也。

最后,《樱桃青衣》记云:"天宝初有范阳卢子,在都应举，频年不第，渐窘迫。"《枕中记》虽把时间改为"开元七年"，好像早于前者，以掩其因袭改造之迹，但还是把主人公落实为"卢生"，是一位不第居乡的田舍郎。"卢"乃北朝大姓，科举制度确立后，士族顺流平进便可坐致青紫的可能性减低。不过，大族势力仍然不可低估，唐人传奇屡见与之结亲以图奥援之描述。此两篇中仍然抬出"郑氏"与"崔氏"。用这种姓氏的人来代表下第士人及其梦中理想的婚配，作者有深意存焉，故文中不避相袭也。当然，这两则故事共同的主题都在下第士人向上爬思想在梦境反映的现实中的溃灭，它具有普遍性的意义。可是"劝百讽一"，说不定，许多下第士人还是魂萦梦绕那梦中的富贵呢。邓之诚先生《骨董琐记》引后人《吕祖庙》诗云：

四十年来公与侯，虽然是梦也风流。
我今落魄邯郸道，要向先生借枕头！

四

我们要讨论的另一类型梦入幻境的"白日梦"，以李公佐《南柯太守传》为代表。它也是脍炙人口的名篇。前人业已指出，它的造意制辞，与《枕中记》大略从同。我们仅说明其特异处两点：

1. 霍世休氏文中比较分析说：

　　一向讨论唐代的传奇文，多拿李氏的《南柯太守传》和沈既济的《枕中记》相提并论，理由自然是为了两篇的故事很相似，因为题材都是梦；但是这里有一点须要注意：《枕中记》的故事，其梦的出现，完全由于一种法术，或者用佛经的话称为"神通"。这种故事我称之为幻梦的故事。《南柯太守传》里的梦，显然与此有别。它叙述淳于棼在酒醉之际，被邀到大槐安国，经历了种种世态，诚然与《枕中记》相类；可是梦醒之后，命仆人寻穴究源，得到蚂蚁的巢穴，仍一一可与梦中的经历印证，便知道这故事不属于幻梦，而应该属于"魂游"一类，也不属于"灵魂易体"，因为这故事并未讲淳于棼进入蚂蚁的躯体。

2. 我们要指出的是，淳于棼梦游有三大特点：一是进入一种动物——蚂蚁——的王国；二是蚂蚁甚小，所以得想象淳于棼的身体也变成那样小，如现在某些西方"梦游奇境"发展而来的"科学神话"中缩小身体步入小型动植物世界一般；三是蚂蚁在淳于棼梦中幻化成人类。这种新奇的想象，大抵来自翻译的佛经，非中国固有。而其汉化的最佳标本，当推《南柯太守传》。

3.《南柯太守传》所以为佳，端在于主题在封建社会中带有普遍性与深刻性，联系着中国封建社会的现实。它把个人的一生遭际与国家、政治紧密联系在一起进行观察，比《枕中记》主要着眼个人的宦海浮沉就更深一层。情节也是紧紧扣住主题发展。结尾的"赞曰"点明："贵极禄位，权倾国都，达人视此，蚁聚何殊"，更是对政治现实的鞭挞。它实在不是宣扬出世的小说。"虽稽神语怪，事涉非经，而窃位著生，冀将为戒。后之君子，幸以南柯为偶然，无以名位骄于天壤间云。"作者心目中恐有其抨击之对象在，读者不可被它披着的那层薄薄的神怪面纱所迷惑。从这一点看，它比《枕中记》的主题要积极深刻得多。

4. 还可以看看时代相近的段成式《酉阳杂俎》中《守宫》一则。此则社会意义很差，不过谈助而已。对比之下，益显李公佐之优异。可见，使古为今用，洋为中用，化腐朽为神奇，端在有才有学有识之士。起决定性作用的盖在"有识"。

5. 我们还应注意到，以上唐人所写的这几篇小说，都把背景安放在当时的社会之中。例如：

与"高门"结亲，甚至"尚主"，从而巴结上向上爬的阶梯。

从科举得官入仕。

结合当时实际的地点与在那样的地方人们（特别是青年

男女)的行动(调情等事),用现在的话说,就是"表现典型环境下的典型性格"。目的是表现作者的文才。试举数例:

《南柯太守传》中,重点场面之一是结婚之日,几位女宾对新郎的富于挑逗性的言语。其中谈到在禅智寺、孝感寺的两次会面,把男女双方的调戏,写得活泼泼、火辣辣,十分生动。这正是传奇体裁作者"骋才"之处。不然,故事就会一直平铺直叙下去,缺少波澜,文笔正应如是挥洒。这是《南柯太守传》超越《枕中记》《樱桃青衣》等篇之处。

相形之下,《枕中记》的作者就太老实了,结合时事过紧。开头就点明时间:"开元七年"。文中,萧嵩、裴光庭、高力士等都被点名,陆续出现。还有在陕西开凿漕运运河,在河西走廊瓜沙等地大破吐蕃刻石记功等情节。卢生为中书令,封燕国公,简直是借指张说等人。应该说,结合时事未免过于紧密,咱们不敢说是影射,但是,当时的人恐怕会对号入座呢!

《枕中记》和《南柯太守传》肯定借鉴了唐代特别是开元天宝时期的朝政、时事。特别在科举与官吏升迁、降调等方面,连《樱桃青衣》在内,这三篇,简直绘出了十分准确的唐代科举入仕、官员升降的"升官图"。我常想,"登科记"等材料是干巴巴的,要想研究生动活泼的唐代文人仕宦生活,非从唐人传奇入手不可。

《樱桃青衣》和《南柯太守传》还重点写到唐代寺院作为游乐场所的热闹场面,僧人"开讲"(准许一般人参加,看来是"俗讲")的流行及人们趋之若鹜的情况,等等。若与相关史料配合看,那可是极有兴味的。姑举两例:

姚合《赠常州院僧》:"仍闻开讲日,湖上少渔船。"(《全唐诗》四九八卷)及《听僧云端讲经》:"远近持斋来谛听,酒坊鱼市尽无人。"(《全唐诗》五〇二卷)这是形容俗讲开讲盛况的。

李洞《题新安国寺》:"开讲宫娃听……"(《全唐诗》七二一卷)和《赠入内供奉僧》:"因逢夏日西明讲,不觉宫人拔凤钗。"(《全唐诗》七二三卷)特别是"宫人拔凤钗",持以与《南柯太守传》中那位"风态妖丽"的女郎说的话对读:"七月十六日,吾于孝感寺晤上真子,听契玄法师讲《观音经》,吾于讲下舍金凤钗两只,上真子舍水犀合子一枚。……"两者如出一辙。再看日本入唐八家之一的智证大师圆珍对亲眼所见的俗讲目的的看法:"为修佛地、堂塔,劝人觅物。"则施舍财物的施主为什么舍财,目的是很明确的了。

这些社会史料,还有待学者去好好利用呢!

五

唐代以后，有关梦中经历一生的故事仿作甚多，基本上可分为仿《枕中记》和仿《南柯太守传》两大系统，其共同之处是：主人公全是科举下第的士人；一般说来，梦境依托于神仙鬼魅，基本上属道教范畴；但其中有大量因果轮回内容，当然又属于佛教思想范畴。这批作品，从宋代到清代不断出现，与科举制度相始终。正如我们前面所说的那样，那是一代又一代士人不断在做着的白日梦。

今以清代著名传奇小说《聊斋志异》中相关篇章为例，略作说明。此书中相关的名篇是《续黄粱》。它说的是：福建曾孝廉，出外游玩遇卜者，预言将做高官。后避雨至一僧舍，入梦。梦中，天子召见，赐解服玉带名马，开始荣华富贵生活。仗势欺人，终被包拯上疏，充军云南，途中被贼人所杀，到阴间，受种种酷刑。忽醒，方知是梦，经僧人点化，"台阁之想，由此淡焉。后入山，不知所终"。

它的结尾非常精彩，是蒲松龄对这类小说主题的深化。一般小说主人公在梦中经历到一个封建士人所能经历过的荣华富贵、宦海浮沉，可是蒲松龄在《续黄粱》结尾中更往前伸展了一步，把主人公变成鬼，使之走入冥界，受到种种报应，这就更能促成醒后的悔悟。这是《枕中记》《南柯太守传》的结尾没有做到的。试看明末清初的张岱《陶庵梦忆·序》所说："正如邯郸梦断，漏尽钟鸣，卢生遗表，犹思模拓二王，借以流传后世。"（这是张岱观赏与阅读汤显祖剧作后，到老还记忆犹新的一段认识。）可见如果没有地狱来吓唬吓唬，有的人做不完的白日梦，是至死也不回头的。

这类"一梦沧桑"故事，在中国作品中已成熟套，一捞一大把。有趣的是，在近代外国文学作品中，也有个别出现。但估计他们并不是从中国故事或古代南亚次大陆神话故事模仿而来。例如，号称美国文学之父的华盛顿·欧文（WashingtonIrving,1783—1859年）的名著《见闻札记》（The sketch book of Geoffrey Crayon，我国早期林纾文言文译本将书名译作《拊掌录》）之中，收有一篇《瑞普·凡·温克尔》。这篇小说，以荷兰殖民时期的乡村为背景。描写了一个贫苦农民瑞普·凡·温克尔的奇特遭遇。瑞普一家靠耕种一小块贫瘠的土地糊口，收成极少。瑞普是个"傻里傻气、无忧无虑的乐天派"，平时最喜欢给别人帮忙，可是对自己家的事情不闻不问。他的异常凶悍的老婆对他极为不满，导致他经常外出逃避。一次，他带着他的也是极为怕瑞普老婆的狗，扛着猎枪，到赫德森河河畔卡兹吉尔山上去打猎。这座山是传说中闹鬼的地方。瑞普上山后，遇见了当年发现此山并以他的名字命名的赫德森船长及其伙伴的鬼魂。

瑞普喝罢鬼魂让他喝的仙酒，躺下就睡。醒后发现猎枪已经生锈（令人想起中国的"烂柯"故事，那可是烂得相当彻底，比生锈神奇得多），狗已失踪。瑞普回家一看，全变了，敢情自己一睡二十年！

这则故事很令欧美文学研究者称道，认为神奇可喜，折射出美国独立初期社会政治的新气象，暗示许多恼人的事已成过去。欧美早期代表性入梦故事还有一种"睡美人"类型，那是从法国人传说并写下的"森林中的美女"故事开始的：睡美人为魔法所禁，酣睡百年，王子一吻解除魔法。可是，取这类故事与中国的"一梦华胥"以至"一梦黄粱"作比较，就会看出，洋人耍弄这类题材与安排情节结构还显得手生，不如中国作家滑溜。瑞普一睡二十年，睡美人酣睡百年，其间可以安排多少故事情节呀！洋人自以为取巧，用一睡使故事迅速向醒后发展，恰恰暴露出笔力不足，生发不出更多的情节来！

刚才介绍了《聊斋志异》中的《续黄粱》，情节已经够繁缛的了。现在看看另一篇《贾奉雉》：贾奉雉有才名，科举屡试不中。后遇一位郎秀才指点，戏以时文中"阘茸泛滥之作"连缀成文七篇。郎秀才在贾奉雉背上画了符箓，贾入场后违心作文，得中经魁。他自愧试卷中讲的不是真心话，自觉无面目见天下士，于是遁迹山林。郎秀才引导他进入深山洞府，见到一位老叟。他自陈有志学仙。夜间打坐时，老虎来嗅他，他不动；老虎（？）运来了贾奉雉的妻子，俩人欢好。被老叟所觉，大不以为然，叫郎秀才送贾奉雉回家。到家一看，已历百余年，妻子大梦初醒。于是重新开始生活。两孙及孙媳两家人，人品一好一坏。贾奉雉又应举，中进士，为官清正，但也是"声名赫奕，歌舞楼台一时称盛"。他的坏孙子惹祸，牵连于他，遣戍辽阳。他觉悟道："十馀年之富贵，曾不如一梦之久。今始知荣华之场皆地狱境界。悔比刘晨、阮肇多造一重孽案耳！"行至海岸边，郎秀才乘仙舟来迎。贾氏夫妻仙去。

可以看出，中国作家创作此类故事，在梦境与现实场景的变化安排上，虚构出多少奇特浪漫情节，其中又渗透着多少对社会黑暗的揭露，特别是描绘出多少科举士子的血泪史！

八 仙

一

"八仙"是八位成为一个组织系统的中国道教神仙。他们的形象已经固定化了,并且经常在戏曲、小说和民间传说故事中出现,或是作为传统的雕塑和图画(包括像瓷器等器物上的装饰画)的题材。八仙的形象深入人心,家喻户晓,中国人不知道八仙的甚少。可是,要问问八仙的仙迹,也就是他们有哪些故事流传,各个人的回答可能就不一样了。这是因为,他们的事迹在发展中复杂多变,比如说,谁传道给谁,就有多种说法。各地区各时代都创造出一些自己的八仙传说来。再加上历史资料留下的既不多,内容又混乱矛盾,使人们对八仙的来龙去脉很难说清楚。我们下面所讲的一些，也不过是勉强拼凑出的一个轮廓罢了。

应该首先说明的是，我们的老师，已故的北京大学中文系教授浦江清先生（1904—1957），曾于1936年写成《八仙考》一文，历来被认为研究八仙的权威著作。我们所能说的，概以师说为依归。六十年来，新发现了若干资料，如"脉望馆"原藏的一些"元明杂剧"，还有一些宝卷，以及新中国成立后民间文学工作者在各地进行采风的收获，还有新中国成立后才受到重视的元代山西永乐宫壁画等等，我们也有选择地参考了。

中国素来有将各种各样的著名人物组合搭配的传统，其中八位一组的不少。相传为伟大作家陶渊明所编的一部《集圣贤群辅录》（又名《四八目》），就专收按数码编组的人物，八位成组的，有八伯、八恺、八元、八师、八士、八使、八俊、八顾、八及、八厨、八龙、八绝、八达，等等，都是优秀人物。可见，八位一组的搭配，其收纳范围大致在优秀、正派和有奇才异能、突出表现的人们之内。

中国人，特别是汉族，在本民族风习民俗中，对数字的"以定数代不定数"有特殊的古老认知传统：认为偶数吉利，二及其乘积倍数四和八都是这种数字。三四五六可借代定数"多"，其中"四"是吉利的多；七八九十可借代定数"很多"，其中"八"是吉利的很多。《四八目》中非四、八一组的人物不少，可是拿部分来代全体，以四八概之，恐怕就是出于此种求吉利的心理。八位一组的人物多为好人成组，看来也有这样的心理状态存在。

西汉淮南王刘安聚集门客数千人，主编出颇有道家气息的《淮南子》一书。他还有造反迹象，最后自杀了。民间——包括他的门客中散在民间者——有同情他的，造作出他全家白日飞升，连鸡犬一齐升天的传说来。据《史记·淮南衡山列传》的唐代司马贞《索隐》注引《淮南要略》说，淮南王的门客中有"高才者八人，苏非、李尚、左吴、陈由（田由）、伍被、毛周（毛被）、雷被、晋昌，号曰'八公'也"。高诱《淮南鸿烈解叙》所记人名略有不同，如上括号中显示。古代陈和田两个字常通用，毛被恐怕是因为夹在那两个"被"之中，连类而及地误写了。这八公大概是历史上的真人实事。于是神仙化的八公也就随着淮南王的升天故事而出现：

> 汉淮南王刘安言神仙黄白之事，名为《鸿宝万毕》，三卷，论变化之道。于是八公乃诣王，授丹经及三十六水方。
>
> （《艺文类聚》卷七十八引《列仙传》）

> 昔仙人八公各服一物，以得陆仙；各数百年，乃合

神丹金液而升太清耳。

(《抱朴子内篇·仙药》)

伍被记八公造淮南王安,初为老公,不见通。须臾,皆成少年。

(《抱朴子内篇佚文》)

特别是最后一条,在葛洪的《神仙传》卷六"淮南王"一条中得到尽情的发挥,成为一则完整的故事。大意是:淮南王好神仙,方士从游者甚多。一天,来了八位枯槁伛偻的老公,看门的挡驾,说王爷爱的是长生之道,各位如此衰老,怕不行。八公立即变为童子。王爷"倒屣而迎之",八位自称:"我等之名,所谓文五常、武七德、枝百英、寿千龄、叶万椿、鸣九皋、修三田、岑一峰也。各能吹嘘风雨,震动雷电,倾天骇地,回日驻流,役使鬼神,鞭挞魔魅,出入水火,移易山川。变化之事,无所不能也。"正赶上伍被到京城去告变,皇帝派大宗正来调查。八公就劝刘安升天:"乃取鼎煮药,使王服之。骨肉近三百馀人同日升天。鸡犬舐药器者亦同飞去。"这个"一人得道,鸡犬升天"的故事在后代广泛流传,凝炼成为成语。武则天撰写的《升仙太子之碑》中就明确提到"淮南八仙";卢照邻的《益州至真观主黎君碑》中也含混地讲"未遑八仙之术",恐怕说的就是上述的那些"吹嘘风雨"等仙术了。这就是中国最早出现的八仙。

八仙成为有定数非泛指并有姓名可查的八位仙人，使得爱引申的中国人有了进一步施展想象的余地。从后来的发展看，这种想象是朝着两个方向走的：

一个是把现实中的人组成八位一组，号称某类八仙。后代的小说中，把人间的二十八将和天上的二十八宿对号入座，如《荡寇志》中所为，还有更大规模的，如《水浒》中三十六天罡、七十二地煞，都是中国人神化的"组织观念"淋漓尽致的表演。唐代还没有进展到这种地步，但伟大诗人杜甫的《饮中八仙歌》已经就此大做文章。由于诗是诗圣手笔，描摹生动；兼之对象都是名人，包括诗仙李白以及"少小离家"那脍炙人口的名诗作者贺知章，所以此诗深入人心，众口争传。此诗还启发后来人：要把八仙中每一位的特征描绘出来才是；要抒写出那么一些狂放不羁飘飘欲仙的风度来才好。值得注意的还有两点：一点是，唐代范传正改葬李白时所立的《新墓碑》中说："时人又以公及贺监、汝阳王、崔宗之、裴周南等八人为酒中八仙。"比杜甫多出个"裴周南"来。这似乎暗示着，饮中八仙并非杜甫给组织起来的，而是"时人"即当时社会间早已如是流传的，而且入选的人也不见得太固定。杜甫不过选八位在自己的诗中给固定下来就是了。另一点是，杜甫是正统思想比较浓厚的人，不大敢拿当时社会上正式崇奉的道教祖师如老子、王子晋等位开心。八仙是散仙，无妨。这就为后世描绘八仙时可以开点玩笑导夫前路矣。

另一个是走地方化的方向，这就是所谓"蜀中八仙"。据宋代成都人景焕所著《野人闲话》，还有郭若虚的《图画见闻志》卷六"八仙真"条，都记有道士张素卿画"八仙真形"的事，八仙是：李阿、容成、董仲舒、张道陵、严君平、李八百、长寿仙、葛永瑰（据《图画见闻志》作者自注。景焕书中"李阿"作"李己"等，可见个别姓名尚不固定）。这八仙大致与四川都有点关系，所以经后来人凑合到一起了。缺点是其中某几位知名度不高，个性不鲜明，彼此之间的关系也不清楚，使人有硬凑成一桌之感。但是，这八仙的出现，说明宋代存在着强烈的塑造新的八仙形象的愿望与要求。北宋晁补之曾写过《八仙案铭》："东皋松菊堂，饮中八仙案。"可见当时已经流行每边可坐两位客人的方形大饭桌。当然，晁氏诗中所写，恐怕还是用典，还是那"饮中八仙"罢了。要请真正的八位并非硬凑而为成组的神仙来参加宴会，看来还得忙活一阵子，进行编组。

二

据我们估计，大约在宋元之际，找寻新八仙并把他们编制在一起的工作就在不断地探索。使用的方法大致是：首先，找到一两位能把这八位串联在一起的大仙，要在当时的道教中有名气的。至于他们如何串联，则可以进行创造发挥。一般以构成师徒关系为最便当。其次，要使人们能接受，这就要塑造出老百姓喜闻乐见的形象来，还要尽可能地在道教教义容许的范围内办，并且不太触犯当代统治者的利益。再则，最好能汲取以往老八仙个人形象不鲜明的教训，塑造出八位个性明显突出，外形有特征的人物来。

这种实验性摸索大约进行了三四百年之久，明代中期才定型为我们现在众所周知的八仙。根据现代所能掌握的不完整的资料，其中竞争和发展的过程大体上还可以勾勒出来。应该说明，我们根据的资料基本上是戏曲小说，这就指明了新八仙产生的民间故事传说性质。但是，从这些传说的内容考察，它们受到道教教义的影响很大；由于统治者各方面自觉或不自觉的需要，它们又在为那个时代服务。当然，其中也反映出若干民间朴素的美好愿望和某些反抗精神。这也是必然的现象。以下试作简单叙述：

我们现在所说的八仙，大致是根据明代嘉靖年间的吴元泰所著的《八仙出处东游记传》（又称《上洞八仙传》，简称《东游记》。我们以后用简称）第一回开头那句话："话说八仙者，铁拐、钟离、洞宾、果老、蓝采和、何仙姑、韩湘子、曹国舅，而铁拐先生其首也。"《东游记》是糅合唐人传奇如《明皇杂录》《开天传信记》等，以及大批元人杂剧等，大约还采用了不少民间传说，融化写成。至今，此书还是研究八仙的最主要依据和出发点。我们也从此出发，上推到有名有姓的八仙出现的现存元人杂剧"神仙道化"剧本中。

大体上按时代排列，马致远最先。《吕洞宾三醉岳阳楼》中，八仙内没有何仙姑，而有徐神翁。徐神翁是北宋道士，相传为"海陵三仙"之一。他以预言南渡前后的一些事件而知名。后来陈忱的《水浒后传》还很为他的形象浓施笔墨。他在元初居八仙之列，绝非偶然。此剧中，值得注意的有两点：一点是，吕洞宾自称道号纯阳子，先为唐朝儒士，后遇钟离师父点化成仙；另一点是，元代神仙道化剧的惯例，凡八仙中一仙主演某剧时，最后必有其余各仙人上场，由主角一一作介绍。此剧中介绍的是：做官的胡子是钟离（现掌群仙录），拿着拐、头发乱梳的是铁拐，穿绿襕袍、拿木板的是蓝采和，赵州桥倒骑驴的是张果老，背葫芦的是徐神翁，携花篮的是韩湘子，穿红的是曹国舅；洞宾自己提墨篮，爱打简子愚（渔）鼓。

下面可以提到岳伯川，他是元至元年间人，所作有《吕洞宾度铁拐李岳》。其中有"张四郎"而无何仙姑，又说铁拐李原是岳孔目，名叫岳寿。经洞宾点化，死后借瘸子小李屠之尸还魂，故称李岳。吕洞宾成了铁拐李的师父。

接着，可以举范康（字子安，又字子英。元至元年间人）的《陈季卿误上竹叶舟》。此剧本值得特别注意，因为在现有资料中，何仙姑就是在这个剧本内首次出现于八仙队列。此剧中主角吕洞宾介绍，除与上剧相同者外，吹铁笛的是徐神翁，拿笊篱的是何仙姑，双丫髻喝醉了的是钟离。吕自提荆篮。

往下，可以排到明初的谷子敬，他的作品《吕洞宾三度城南柳》中，点明钟离是洞宾的师父，提到八仙，但未列姓名。再有贾仲名所作《铁拐李度金童玉女》，点出八仙中的六仙，缺少何仙姑与曹国舅，似乎暗示这两位（或另二位）在八仙中地位不重要、不巩固，可以撤换。

朱有燉的《蟠桃会八仙庆寿》和《吕洞宾花月神仙会》两剧本中都出现八仙。其中有徐神翁，前剧中自称"徐信守"，按史料，徐应名守信，剧本中可能因将就押韵而把守字移后；后一剧本中有"徐守一"，想必就是徐神翁了。此二剧的共同特点是和蟠桃会联系上了，因而可在庆寿会上演唱。此外，前一剧中出现了为赴蟠桃会而携带毛女的情节，这大约是为庆女寿而安排的，就是庆男寿，带上女仙也无妨，这就为何仙姑顺理成章地加入八仙行列铺平了道路。

明代教坊搬演的杂剧中，好多种有八仙出场。其中有张四郎而无何仙姑者居多，如《降丹墀三圣庆长生》《众天仙庆贺长生会》《贺升平群仙祝寿》均如此。《群仙祝寿》中出现了松竹梅三名旦角，想必是出于如上一段中我们所说的考虑。这里还得谈谈张四郎，据浦先生考证，他的事迹见于宋代洪迈的《夷坚丙志》卷三，是邛州白鹤山的一位仙人。他在杂剧《长生会》《度黄龙》等剧中手持的道具为笛子，可是在《群仙祝寿》时，韩湘子手拿花篮还加上铁笛，张四郎就只好携带"轮竿金鱼"啦。

另有《争玉版八仙过沧海》《吕翁三化邯郸店》两剧本，都有徐神翁而无何仙姑，特别是前一剧本的收容安排，与可能较之时代略晚的《东游记》不同。小说中以仙姑抵换了仙翁，大约当时社会上已经公认是这样的了。至于明代中晚期撰写的《三宝太监西洋记》一书中，有风僧寿、玄壶子，没有何仙姑和张果老，恐怕一因作者罗懋登老想着变化使用材料以示"只说是自家会的"；二因那两位当时在八仙中终究地位不稳定，可以抵换之故。此种搭配方式只此一家，相当各色，未能推广。

我们必须提到汤显祖（1550—1616），他的《邯郸梦》传奇中"合仙"一出，八仙全部出场，其姓名就是如现在的八仙这样，包括何仙姑。此后的戏剧中，如清朝盛行的月令承应大戏，都让仙姑出场。

从元代至元年间有仙姑而无国舅的戏剧到汤显祖，其间约二百多年。我们还可以在这一段时期中间找到一些造型艺术品作为线索，把他们连接起来。下面列举与近代以来的八仙全同者几条：

1. 原题《宋缂丝八仙拱寿图》的图轴，当代专家考证，据其技法和色彩运用、经纬密度等考察，均与另一幅定为元末作品的缂丝《东方朔偷桃图》一致，因而也定为元末作品。此图，《盛京书画录》与《秘殿珠林》均著录。

2. 明代著名画家张路（1464—1538）设色绢绘八仙四条屏，现藏北京中央工艺美术学院，定为真迹。

3. 明代传为嘉靖年间"顾绣"的八仙庆寿十二幅挂屏，现藏台北故宫博物院。《存素堂丝绣录》有记载。其中主角为西王母，显示出庆祝女寿的特征。

4. 判定为明代嘉靖年间民窑产品的"青花云鹤八仙葫芦瓶"（旧称"天圆地方大吉瓶"），现藏中国历史博物馆。

可以这样认为，汤显祖是跟着民间也就是社会上庆寿找吉祥物的路子走的。由于汤显祖名气大，《邯郸梦》写得好，传唱一时，特别是把何仙姑写得很活，所以，在八仙人选确定成现在这样的过程中起过巨大的作用。

三

能把八仙聚合在一起的，是钟离权和吕洞宾，特别是吕洞宾。

钟和吕这两位，可能在历史上实有其人。据《宋史》

中的《陈抟传》和《王老志传》记载，这二位都是陈抟的朋友。他们大致上都是五代末宋初的人。王老志的传中说，钟离权是王老志的老师，但只有王见过他，他们之间的关系，很有点像传说中黄石公与张良那样；《陈抟传》中则载："关西逸人吕洞宾有剑术，百馀岁而童颜，步履轻疾，顷刻数百里，世以为神仙。数来抟斋中。"总之，这二位的传说似乎都始于北宋而托始唐代以至汉代，各种记录十分混乱，时有矛盾。

南宋金元之际，较早地盛行于南宋江南地区的道教金丹派南宗祖述钟吕之道，稍后地流行于金元时北方地区的全真道也以此标榜。元灭南宋后这两派合流，根据双方均已有之的说法，参酌宋元皇帝所给的封号，在《金丹大要》《金丹大要列仙志》等道书中，提出的祖师系统是：初祖东华帝君（即经过后代变换改造的古代神话中老神仙东王公，新起的姓是姓王），传二祖钟离权，钟传三祖吕洞宾，吕再分传南北两派弟子。从此钟吕二位在道教中身份固定。由于他们多方点化，特别是吕洞宾点化的门徒众多，因而八仙的队伍在传说中渐渐形成。以下主要据道教经典（据我们看，大部分也是由传说演变而来）和民间传说，将这二位的有关情况略加叙述。

先说钟离权。

有关钟离权的较完整的"身世"记载，见于宋人所编的《宣和书谱》卷十九，后来则有元代道家全真派自编的《金莲正宗记》（元代秦志安著）和《金莲正宗记仙源像传》（元代刘天素、谢西蟾著），还有《历世真仙体道通鉴》（元代赵道一著）。大致地说，比较朴素的说法可以是这样：他道号正阳子，又号和谷子、云房先生。可能是陕西咸阳人，也可能是燕台（今北京）人。相传五代后晋时曾任中郎将，遇异人授以真诀得道。后来传道给吕洞宾和刘海蟾两人。托名唐代知名道士施肩吾所编的《钟吕传道集》，大约在宋代定稿，奠定了钟离权在道教中特别是后来在全真道中的地位。至于神化的说法，则说他原为西汉大将，更有根据他的"手迹"（北京大学藏艺风堂拓片《重刻汉钟离诗碑》，元至正八年重刻宋皇祐四年碑）签名"天下都散汉钟离抹书"，认为他就是由楚入汉的大将钟离昧。还有从而称之为"汉钟离"的。《体道通鉴》形容他的形象是："丫头坦腹，手摇棕扇自若，赤面伟体，龙睛虬髯。"后来的戏剧中大致按此形象装扮并固定化。《列仙全传》（明王世贞编辑，汪云鹏校刊）卷三，《芥子园画传》第四集（清嘉庆间苏州增补本）都有画像，可以视为标准像。按《宣和书谱》中说他"间出接物"，平时则派徒弟吕洞宾世间度人。因此，在八仙中，他虽是精神领袖和理论家，可是显化事迹不多，因而老百姓对他的印象不深。再加上他的形象也使人敬畏而不大敢亲近，所以，在有关八仙的戏剧、小说、传说中，经常处于配角地位。附记：宋朝封他为"正阳真人"，元朝封他为"正阳开悟传道真君"。署名为他所作的理论性著作，收入《道藏》中的，主要有说是他所述的《破迷正道歌》一卷，说是他所著而由吕喦（吕洞宾）所传的《秘传正阳真人灵宝毕法》三卷。

再说吕洞宾（吕喦）。

真正把八仙团聚在一起的是吕洞宾。他的事迹在八仙中最多最杂因而很难寻根究底。除了浦先生在《八仙考》中考证引据的以外，我们所见的较详细的征引与研究文章，就是傅璇琮主编的《唐才子传校笺》卷十中的"吕喦"传笺证。此文把宋元之间的零散资料集中起来，并梳理得相当清楚，建议有兴趣的读者一定要参考一下。大略地说，道教的大丛刊《道藏》中，将有关吕喦的资料集中得相当完备并且有条不紊。这一工作大约在明嘉靖、万历年间基本完成，有关他的生平、仙迹和著作的记载，总括在《道藏》中的，主要是：

《纯阳帝君神化妙通纪》七卷，元代道士苗善时编。收入"洞真部记传类"，千字文编号在"帝"字号。全书分为一百〇八化（其中缺第二十六至三十三化），每化是一个故事。卷一和卷二共七化，讲吕祖家世及悟道、受道之事，包括"黄粱梦"等。卷三以下则叙述他得道以后神仙济世之事，包括点化曹国舅、何仙姑、施肩吾等的经过。从我们的观点看，无妨视之为一部《太平广记》类型的短篇文言小说合集。

《吕祖志》六卷，明代道士汇编，约完成于万历间。收入《续道藏》的"辇"字号。书分三部分。首为钟吕二仙图像，附注诞辰与上升日。卷一为"事迹志"，这是视为"信史"的，包括本传、自记、度卢生枕中记，还有"云房十试真人""真人十问云房"等二十事。卷二、卷三是"神通变化""显化""济人"等共八类八十六个故事。卷四、卷五是"艺文志"，收古风三篇，五七言近体诗一百八十五首。卷六内收杂著十条，歌九篇，词和杂曲四十三首。这三卷所收诗歌和词曲，没有后来的《全唐诗》卷八五六至八五九（诗四卷）和卷九〇〇（词三十首）及《全唐诗补编》所补（诗三十一首，词十一首）多。

综合各种说法，大致可以这样说（注意：是传说而非信史），他姓吕名喦字洞宾，籍贯是河中府蒲坂县永乐镇（今属山西芮城），也有说他是山东东平人的。唐末至宋初在世。按道家的说法，则是：生于唐贞元十四年（798年）阴历四月十四日（所以后世道观中于此日举行斋醮来庆祝），咸通中举进士，时年六十四。后遇钟离权，经十试十问通过，传法得道。道号纯阳子。后来常在世间度人，出世度人时往往自称"回道人"等化名。因其游戏人间，度人甚众，所以几乎成为宋元时期最受人欢迎的神仙。宋宣和元年（1119年）敕封他为"妙通真人"，元朝至元六年（1269年）封他为"纯阳演正警化真君"，至大三年（1310年）加封为"纯阳演正警化孚佑帝君"。全真道奉他为"五祖"之一，尊称"吕祖"。他的理论性著作，收入《道藏》中的，还有《纯阳吕真人药石》《纯阳真人浑成集》《黄帝阴符经集解》等书。藏外的则有《吕祖全书》等合集。

全真道所传钟吕之道，主要的有三点：一点是炼内丹，这是与此前的道教徒炼外丹（炼丹术）相对的，据我们看，属于带有神秘色彩的气功，比起单纯的炼丹服食而容易生痈（特别是长搭背疮）甚至丧命，是一种进步。另一点是通过种种考验度人成仙，这种做法也比服食进步。再一点是有剑术，这剑术不是"飞剑取人头"，而是"实有三剑：一断烦恼，二断贪嗔，三断色欲"，此乃杂取儒释道三教之说而成。三教归一，所以洞宾常以儒生的形象出现。

洞宾故事的大观，还是在戏剧、小说和民间传说之内。上述三点中，炼什么，老百姓不太关心；度人要紧，所以洞宾的故事中度人之事最多，这就为他与其他七仙上联下靠创造了便利条件；避实就虚的有名无实的剑术，看来与《列子·汤问》中来丹从孔周那儿学来的差不多，并无实用价值，老百姓对之莫测高深，故事中只能来真的，要"飞剑斩黄龙"。因此，洞宾的传说就集中在文可度人、武则斩妖这两方面。现存的早期有关吕洞宾的传记体小说是《吕纯阳飞剑记》，作者邓志谟，明万历间著名的"闽书林萃庆堂余氏"刻本。估计邓氏是专门为这个书坊撰写这类稿件的人物，他撰写的同类小说《咒枣记》等也是这个书坊出版的。值得注意的是，其编写出版时间与《吕祖志》等年代接近。它提供了民间流传的吕洞宾故事的一种早期"版本"。我们这样说的理由，可以先举出两点：一点是，其中第五回"吕纯阳宿白牡丹，纯阳飞剑斩黄龙"，与同出于明代的《醒世恒言》第二十二卷所记内容大不相同，可见同类故事的不同传流导致不同"版本"的出现；另一点是，此书最后一回即第十三回"吕纯阳度何仙姑"。说吕洞宾赴斋，竟走入厨房，丫鬟们轰他出去，只有一位何氏女郎叫他别走，给他斋饭吃。吕洞宾就拉着何氏女钻进灶坑，度她成仙去了。其中民间传说的成分极为浓烈，并提供了何仙姑得度的一种说法。

洞宾度的人，除了八仙中的人物如铁拐李、蓝采和、何仙姑等人以外，知名的就是植物中的桃柳二树精，人物中的卢生和白牡丹。他飞剑的目标，主要是黄龙和八仙过海时作对的龙宫上下了。值得注意的是，他三醉岳阳楼，白牡丹又是常在洞庭湖一带活动的人，洞宾的对头又经常是龙王一族。这就暗示，他的故事传说产生的主要地区，极可能是湖南洞庭湖一带。连同他的原籍山西永乐镇一带，传说中八仙过海的出发港口山东蓬莱一带，构成了他主要活动的三大地域，同时也说明他的一些主要活动与水神有关。他和白牡丹之间的事流传甚广，这可能是早期道家合气之术的残余，可是后来的道教徒却感到很不好意思，非说那是精神恋爱不可，未免欲盖弥彰。老百姓喜爱的还是他那风流倜傥的儒生面貌掩盖下的剑侠形象，于是，穿儒生衣，身背双剑的中年人（戏剧中以正末扮演）洞宾就被大家认可了。

附带说一下，北京大学图书馆藏"柳风堂石墨"拓片中的《吕真人感应记》（隆兴癸未，1163年）、"艺风堂"拓片中的《至大诏书碑》，其录文均收入《道家金石略》。此书中还收有《有唐纯阳吕真人祠堂记》等《永乐宫碑录》（新中国成立后整理油印本）中的碑文。这些材料还很少被民俗学和民间文学研究者等学者利用。我们这里也只使用了极少一些。

四

以下接着谈八仙中的其余六仙。从张果老说起。

张果是唐玄宗时期的一个方士，新旧《唐书》的《方伎传》内都有他的传。他和唐玄宗交往的神奇故事脍炙人口，著在丹青，有元代大画家任仁发（1255—1327）《张果见明皇图卷》（现藏故宫博物院）等流传。《太平广记》卷三十"张果"条杂引《明皇杂录》《宣室志》《续神仙传》，糅合成为一传，较之史传，神异处增加不少。其中重要的是："常乘一白驴，日行数万里。休则重叠之，其厚如纸，置于巾箱中。乘则以水噀之，还成驴矣。"从此，白驴（有的戏剧传说中变成黑驴）与张果形成紧密不可分的关系。宋代潘阆（字逍遥）有倒骑驴的传说，作为神仙游戏，慢慢地就移植到张果身上了。中国人敬老，尊称他为张果老。他虽早期加入八仙行列，却是特立独行的故事多，入列后个人表现并不突出，一般只充当配角罢了。《三宝太监西洋记》中甚至将他淘汰出局，可见他在八仙中处于游离状态。除了与唐明皇的往来故事以外，他个人与赵州桥之间有过一些故事，在民间传说纷纭，有许多不同"版本"。元代袁桷题《果老图》诗：

  御气如婴儿，变化能成形。
  再过赵州桥，灭迹绝怪灵。

足见此类故事流传之早与多。

  张果老倒骑驴，已经成为他最显著的外在特点。可是，金代金幼孜有《张果老骑牛图》诗：

  客有骑牛者，人称果老仙。
  问知欲何往，大笑指青天。

接着谈铁拐李。

铁拐李是八仙中唯一的残疾人，仙人为何残疾，必须有个交代。便当的说法就是"借尸还魂"。从而产生两个借尸还魂的故事。现知的早期出处，一个出于前面讲过的元代岳伯川所作杂剧《吕洞宾度铁拐李岳》，说的是，岳寿在郑州做都孔目，因为触犯了上级韩魏公，吓死了。吕洞宾使他借瘸子李屠之尸还魂，并度其登仙。这个传说，很容易地就把铁拐李和八仙联系在一起，并规定了他的师承。另一个则是《东游记》一类书中的故事，说的是，李玄（姓名或者称为李元中）是一位道士，修炼有素。一次元神出舍朝山去，七天后归来，躯壳已经让老虎给吃了。另一种说法则是被徒弟给火化了。于是他只好就地取材，附体在一个跛子乞丐身上。大约因此心情总有点不舒畅，所以身边老挂个酒葫芦，呈醉态。因其形象不佳，也只能当配角。元代大画家颜辉（大德间人，年岁似较任仁发略大）留有名作《李铁拐像》（现藏日本京都智恩院），是现存最早的铁拐像，可见元初他的故事便已流传。

接着谈韩湘子。

韩湘子的原型是韩愈侄孙韩湘，他是韩愈的二哥韩介的次子韩老成之子。韩愈集中现存"示"他的诗二首，其中《左迁至蓝关示侄孙湘》一首脍炙人口。韩湘的故事多由此引发。《酉阳杂俎》前集卷十九"牡丹"一条中，重点讲述韩愈官侍郎时，一个"疏从子侄自江淮来"，会种牡丹，花发时花朵上有上述"乃是韩出官时诗"的颈联二句。此人是种植花卉的能手，花朵现字靠技术能做到，并非仙术。他也不是韩湘。《太平广记》卷五十四引《仙传拾遗》，则说此人是韩愈的外甥，说那首诗是赠他的，花朵出字也在贬潮州后不久。他自述是仙人"洪崖先生"的徒弟，正在炼"九华丹"。故事结尾说："或云：其后吏部（按：指韩愈）复见之，亦得其月华度世之道，而迹未显尔。"这就往神仙故事前进了一大步。再迈一步，就到了北宋刘斧的《青琐高议》前集卷九"湘子作诗谶文公"那一条，后来的韩湘子故事都从这里生发。至于历史与传说的分歧，《唐才子传校笺》卷六的"韩湘传"中有所辨证，请参看。

值得注意的是，南宋著名道士白玉蟾（1194—1229）的诗集《武夷集》中，有《咏四仙》组诗四首，计韩湘、陈七子、何仙姑、曹国舅人各五绝一首。又单有《咏韩湘》七绝一首。有关韩湘的两首抄录如下：

白雪满空夜，黄芽一朵春。
蓝关归去后，问甚世间人。

汝叔做尽死模样，雪里出来无意况。

> 赖有当年花一篮，至今推与闲和尚。

从中看不出与八仙队列的关系。这四仙之间的关系也不明。

元朝时他早入八仙之列，但加盟经过尚不十分清楚，到了明朝，通过《东游记》和杨尔曾的《韩湘子全传》，才将他经钟吕两位点化成仙并度化韩愈全家的故事交代清楚。他的故事主要环绕点化韩愈和特定地点蓝关进行，带独立性，所以在八仙中也只能当配角。《芥子园画传》中，他的标准像是手执渔鼓简板的青年道童，相当女性化。浦先生是热爱"拍曲"的，是戏剧的大行家，早已指出他由旦角扮演的问题。据我们看，一般的小戏班子，行当往往不齐，像八仙戏这样的应景庆贺性质颇浓的热闹戏，除了主要的和绝不能串行的角色外，如韩湘子、蓝采和，就可以马虎一点，旦角串演或小生正工应卯均可。

接着谈蓝采和。

蓝采和的事迹，现知最早的记载见于五代南唐时人沈汾编《续仙传》的上卷（全书三卷），《太平广记》卷二十二采之，后来的仙传如《历世真仙体道通鉴》等亦采之。故事的大要有三：（1）他以乞丐为生；（2）他手执长三尺余的大拍板，常醉踏歌，歌词有"蓝采和"这个词语；（3）他把钱串起来拉在地上走，掉了也不在乎。后来升空仙去，却把一身行头和拍板掷下了。后来人取歌词为其定名蓝采和。

宋朝龙衮的《江南野史》卷八，和马令、陆游分别撰写的那两部《南唐书》（前者在卷十五，后者在卷四），都记有陈陶夫妇（龙衮说是"炼师"，炼师也有女性者）纵饮并唱"蓝采禾"（陆氏书作"蓝采和"）之事。据说后来仙去。陈陶是晚唐诗人，这三本书都说他五代时避乱入南唐，后来隐居南昌，学道炼丹。据当代人考证（《唐才子传校笺》卷八"陈陶"条），陈陶那时已经百余岁，怕活不到。

元代大诗人元好问有题《蓝采和像》诗：

长板高歌成不狂，儿曹自为百钱忙。
几时逢着蓝衫老，同向春风舞一场。

可见那时蓝采和的形象已经相当定型化了，而且穿着蓝衫。

元人杂剧《汉钟离度脱蓝采和》，确立了钟离与蓝采和的师生关系，并明确说他在"上八仙数内"。说他是一位伶工，姓许名坚，艺名蓝采和。他有妻子、儿子与儿媳，还有两个哥儿们做帮手。经钟离点化成仙。在元明八仙的戏剧演出中，他是仅次于洞宾的活跃角色。朱有燉《蟠桃会八仙庆寿》《吕洞宾花月神仙会》等剧中，都派他当"乐官"一类角色，在剧中串戏。在后来的戏剧中，愈演愈讹，为了与何仙姑配合成一对女仙模样，他由一个老乞丐竟变成女装（后来化装为不男不女的小道童形状，一般仍由旦扮），因而拍

139

板无法使用,只可借与张果老。因其姓蓝,又女性化,所以手提花篮矣。可就没有多少戏好演啦。

附带说一下,现存的早期蓝采和画像,可以举出著名的元代女画家管道升为他所作的全身像,其影印本见于日本东京兴文社在20世纪30年代出版的《支那南画大成》第七卷。

五

接着谈曹国舅。

白玉蟾咏四仙中有关他的四句是:

窃得玉京桃,踏断京华草。
白雪满蓑衣,内有金丹宝。

可见他在南宋时已入仙籍。但其传授不明。

曹国舅受吕洞宾度化之故事,今所知始见于元代。元人苗善时所编《纯阳帝君神化妙通纪》中,有"度曹国舅第十七化"故事。山西永济永乐宫纯阳殿元代壁画中也有"神化度曹国舅"(榜题)的画。署名王世贞的辑本《列仙全传》卷七中也说他是曹太后的弟弟。从历史上考察,只能是曹佾。但曹佾原来并没有求仙访道之说。可他沾吕祖的光,加入八仙行列不晚。不过,始终没有派给他什么正经差使，老是屈尊为配角。元明杂剧中（如《争玉板八仙过沧海》），他手持的法宝常为一把笊篱，还有皇帝所赐的一个金牌。据说他要做云水道人，皇帝特赐给此牌，可凭此游行天下。过黄河时，无钱给船夫，掏出金牌。不料船夫是洞宾化身，前来点化他的，笑他看重金牌，以金钱势力压人。他这才彻底觉悟了，掷牌于河内（故事今仅首见于《潜确类书》中）。可是，戏剧中的他，还是手执金牌，可能是借仙力道法捞起来的吧。那笊篱后来归何仙姑使用了。曹国舅乃是富贵人家出身，哪里会淘米捞面呢！《芥子园画传》中他的标准像，则是手执拂尘的。

黄斐默《集说铨真》（光绪三十二年上海慈母堂排印本）曾总结出曹国舅故事的两种不同的"版本"。一种大约是从道教传说而来，自注见于《神仙通鉴》。讲的是曹皇后有两个弟弟，年长者名景休，不亲世务；幼者名景植，仗势欺人，一次不法杀人，让包公给正法啦。景休深以为耻，遁入山林学仙去了。后遇钟、吕二仙，点化得道。这个故事把重点放在遇仙得道上面，并且指明景休原来就是好人。

另一种则点明是由"包公案"系统说唱故事小说而来，重点讲的是两个国舅半斤八两，都不是好人，二国舅杀了袁秀才，大国舅为他掩盖罪行，打伤秀才妻张氏。张氏到包公处诉冤。包公先后捉住两国舅，斩了二国舅，宋仁宗大赦才把大国舅放出来。大国舅死里逃生，大彻大悟，入山修行，遇点化成仙。《集说诠真》中注明出于《龙图神断公案》，并引《江南通志·徐州》中的"仙释"卷所记说，曹国舅在宋哲宗绍圣四年（1097年）蝉蜕于玉虚观，观在萧县东南五十里，后来更名为"腾云寺"。可是同时又引《宋史》，说曹佾在宋神宗朝为官时逝世，年七十二，追封沂王。可见编《集说诠真》的黄氏之意，也不过是"姑妄言之姑妄听之"而已。

程毅中学长曾对笔者明确提出，"龙图公案"系统中曹国舅故事流传有自，现知重要的几部著作是：

《新刊说唱包龙图断曹国舅公案传》，这就是1967年在上海嘉定县宣氏墓地出土的"成化刻本词话"之一种。据同时所出的其他刻本书末牌记，这批书大致是在成化壬辰（成化八年，1472年）左右刊行的。今通行有《明成化说唱词话丛刊》和《古本小说丛刊》第二二辑两种影印本。

《包龙图判百家公案》第四十九回"当场判放曹国舅"。此书题作者为"钱塘散人安遇时编集"，明万历二十二年（1594年）朱氏与耕堂刊本。

《龙图公案》第六十一则"狮儿巷"。此书公私所藏自清初至民国间刊本甚多，分繁简两种体系，但故事情节差别不大。

以上三种书，一脉相承，故事情节都是讲大国舅助弟为虐，几乎被包公所杀，遇赦求仙。这个故事把大国舅原来是个坏人干坏事的情节大加铺陈,求仙之事作为后话。倪钟之《中国曲艺史》评述说:"此本可能依据民间传说,结合现实生活创作。"笔者同意这个推断。也须指出,前一种道教的说法,恐系在此种民间故事传说的基础上改造而成,重点在于美化曹国舅而已。

最后谈谈何仙姑。

白玉蟾咏四仙中有关她的一首是:

阆苑无踪迹,唐朝有姓名。
不知红玉洞,千古夜猿声。

《三才图会》的"人物"第十一卷中有她的像,还总结前人的记载,归纳出:"武后遣使召赴阙,中路复失去。景龙中,白日升天。天宝九载,见于麻姑坛,立五色云中。大历中,又现身于广州小石楼。"这就是"唐朝有姓名",似乎还可说明她的最早原型是"广州增城县何泰之女",因为别的籍贯出身都还不能上溯到唐朝。当然,光靠这一条单线,还不能构成现传的看来历史情况相当复杂的何仙姑。

浦先生文中正确地指出,何仙姑的原型系由几个女巫拼凑合成。我们查《安庆府志》《祁阳县志》《福建通志》《浙江通志》《歙县志》《罗浮志》和宋代以下笔记等有关她的记载,光说她的籍贯,起码就有湖南永州、广东增城

（在此地落实为何泰之女）、昌化、安庆等地区争抢她。据说阴历三月初七日是她的生日，这些地方都要唱大戏，迎神赛会。据说她入山得仙，服食得道，后经吕祖点化。但是，永乐宫纯阳殿中虽有"度何仙姑"的专题壁画，可是另一专题壁画"八仙渡海"中全是男仙，没有她。《争玉板八仙过沧海》中也都是男仙，也没有她。值得注意的是，写作时间可能不比此剧晚的范子安所作《陈季卿误上竹叶舟》，八仙中却是有她，但没有曹国舅，有徐神翁。这暗示有那么几位正在争夺八仙中最后一两个席位。最后是仙姑和国舅得胜，张四郎与徐神翁淘汰出局。

除去男扮女装的不算，八仙中只增添一位确实为女性的女仙，这实在是一件大胆的革命行为。这事幸亏在元明之际给办了，要放在思想正统禁锢的清朝，恐怕就办不到啦！浦先生指出，汤显祖在这方面立了一大功：他的《邯郸记》一剧，不但把八仙固定为和现在相同的八位，而且在第三出"度世"中特意安排了对何仙姑出身的交代，以及她自己的优美动听的唱词。那《赏花时》两曲，传唱数百年至今不绝。《红楼梦》第六十三回"寿怡红群芳开夜宴"中，众人要求芳官："拣你极好的唱来！"芳官只得细细地唱了一支："翠凤毛翎扎帚叉，闲踏天门扫落花。"——这传奇并小说中的名段，诚乃若士、雪芹二公神来之笔。附带说一句：雪芹公对"扫花"名曲如此偏爱，那"黛玉葬花"的意匠创造，说不定受其启发呢！此外，芳官的结局是当了正经的女道士，也使人不无"落花"之感。让她唱这一段，说不定也是大手笔有意为之呢。

程毅中学长指出，元代罗烨的《醉翁谈录》卷二"耆卿讥张生恋妓"一条中，提到一个有关何仙姑等八仙中五仙的故事：仙姑独居，曹国舅来访，"方款间"，洞宾飞来，仙姑怕他看见生事，就把国舅变成丹，吞入腹中。一会儿，采和与钟离又到，洞宾又把仙姑变成丹吞入腹中。采和说破，洞宾吐出仙姑。钟离"笑谓采和曰：'你道洞宾肚中有仙姑，你不知仙姑肚里更有一人。'"这个故事明显地是六朝荀氏《灵鬼志》中"外国道人"一条的翻新。"外国道人"是《旧杂譬喻经》（吴·康僧会译）中"梵志吐壶"故事的现知第一个翻新版，吴均《续齐谐记》的"阳羡许彦"故事，则是现知第一个中国化新版。到了何仙姑这一故事，又不知是第几版矣。

为说明笊篱的来历，《安庆府志》上说，桐城投子山大同禅师小便，牝鹿给舔了，怀孕生一肉球，肉球裂开，生出一女孩。女孩长大下山，被柴巷口何道人家收容，就姓何。一天，正在用笊篱淘米，忽然禅师派人来叫，拿着笊篱就去了。从师坐化成仙。这是从佛教的佛经《杂宝藏经》卷一"鹿女夫人"条生搬硬套而来，并无新意，只有交代那笊篱的来源是自己创造的，也不高明。《芥子园画传》中，她是挎着花篮,手执带露仙桃的,一派庆寿模样。后来把花篮出让,手执谐音的荷花矣。可见,笊篱上不了台盘,早晚得扔。还可指出,仙姑故事中屡次套用佛经,定型后手执荷花(莲花),是否透露出她的女巫原型带有佛教影响下的会道门色彩呢。宋末元初,这类宗教团体在江南一带颇为流行呢。

六

八仙故事的基本特点,大致可以概括为:

1. 他们都是老百姓喜闻乐见的人物。其共同特点是:只要八仙一起出现,一般说来,准有好事、喜庆事,而且显得特别热闹。所以,庆寿、年节等喜庆之事,每每要请他们来,为节日增添气氛,让场面变得更加活泼热烈。但他们是集体演员,个别出现不见得产生轰动效果,倾巢出动最佳。

2. 他们虽为集体,但个人特征都很突出,其扮相和穿着大致在清代前中期之间基本固定,而且深入中国老百姓之心,差不多人人都能认识他们。自那时以来直至近现代,他们的形象和法宝固定如下:

吕洞宾剑现灵光魑魅惊,常背剑(原为双剑,后改一剑或雌雄剑共鞘），代表"男"，因为他是主角，老生扮演。

何仙姑出水芙蓉不染尘，常执荷花一枝，代表"女"。

张果老渔鼓频敲有梵音，常执渔鼓，代表"老"。

韩湘子紫箫吹动千波静，常执箫，代表"少"。

曹国舅玉板和声万籁清，常执玉板，代表"富"。

汉钟离轻执小扇乐陶然，常执一葫芦形芭蕉扇，代表"贵"，因为传说他当过汉朝的将军。

铁拐李葫芦中出五蝠（福），常携葫芦，他是残疾人，算是代表"病"，也算是代表他附体乞丐的"贫"。

蓝采和花篮之内多有琪花瑶草，常携花篮，代表他本来出身伶工的"贱"。

我们注意到：（1）他们的法宝，或说是道具，经过交换使用。例如，蓝采和的玉板本是拍板，龙王争此玉板，燃起与八仙的战火。观世音菩萨调停，将八块玉板中的两块给了龙王，这才息事宁人。现在把玉板给了曹国舅，他不是伶人，打不了，只好把此板变成上朝时手执的一柄玉笏。（2）采用汉语修辞常用的谐音法，何仙姑姓何，即以荷花付之；蓝采和姓蓝，便给他花篮。（3）有些老道具不登大雅之堂，暗中取消，如笊篱，何仙姑、曹国舅原来都拿过，因其不雅而且很难发挥作用，还曾一度试验性地变成"竹罩"来罩人，效果也不见佳，导致最后消失。

清朝前中期八仙的道具或称法宝定型以后，很多工艺品如瓷器、丝织品、刺绣等，常让此八种器物出场代表八仙，称为"暗八仙"。装饰有八仙或暗八仙的器物，都是用在喜庆事上的，带有欢乐、庆典意味。八仙上场的搭档，经常是福禄寿三星。元人杂剧中，常由全真教祖师爷东华帝君率领八仙上场，近现代的人对此君很陌生，况且他一出场，无形中就增添了严肃气氛，他也就被迫渐渐地出局啦。这似乎暗含着透露出，由较单纯的宗教性质较浓的"神仙道化"剧，向为世俗典礼服务的节日喜庆剧发展。

3. 八仙的故事传说，大致可分为以个人单独行动为主（可与其他几人配合，但不会导致全体行动）和八仙集体行动的两大类。

单独行动型，自宋元明清以来至今，灵活多变，而且随时代的变化而变化。我们当代采风得来的，如新中国成立后出版的许多八仙的传说故事等，都带有鲜明的反抗旧社会阶级压迫的色彩，而且比采风得来的济公的传说（与老小说《济公传》等大不相同）要更加革命化。这就说明，八仙传说本来就开放性很强，留给后人的发挥余地十分宽阔。这里所说，主要指的是在故事传说方面。

八仙集体行动型，基本上定格在节日庆贺关目上。但是，由于原来设计的节日庆贺关目就是个活套，例如，庆寿时，男女寿、老少寿和官商寿等，改动一些唱词、情节，都能应付。它是一把万能钥匙，能开千般锁，只要是喜庆热闹的事，找上他们就行。适应性特别强。因此，经过改编，八仙戏能在许多场合推陈出新，古为今用。

试释如意

一

西汉刘氏宗室几代不避重名,遇有嘉名,更是大家都争着采用。例如,《汉书》中所见,名为"刘嘉""刘福""刘德""刘庆"的都有十几位。名为"刘如意"的也有四位。可见"如意"在汉朝是个很流行的土生土长的吉祥词语。

佛教传入中国,佛经翻译家借用"如意"这个现成的词语来翻译梵文中的某些词语,并赋予它更多更丰富的词义,这是旧瓶装新酒的办法,翻译中习用。不过这回是一种瓶子装好几种酒罢了。装的是:

Atta-mani，这个词语的意思大致与汉语的原意接近，表示"称心如意"。例如北凉"中冲印度三藏"昙无谶所译的《优婆塞戒经》卷五中有这样的译文："若能随顺求者意施，是人于后无量世中所求如意。"大约就是这样译法。

Rddhi，这个词语的意思是指"某种超自然的不可思议之力"。它大致相当于后世中国文学作品——特别是在小说中——所说的"法力无边"的法力，"神通广大"的"神通"。具有此种头脑的，就是有了"如意智"，即"于所欲之一切事能得自在随意"之智，那是菩萨行圆满了才能达到的。这种神通本身称为"如意通"，属于佛教所说的"五通"或"六通"的几种神通之一。佛经中讲到这类神通之处颇多，中国文学家从中取材生发者比比皆是。试举早期译经中后秦鸠摩罗什译《大智度论》卷五所载一小段为例：

> 如意通有三种：能到，转变，圣如意。
>
> 能到有四种：一者，身能飞行，如鸟无碍；二者，移远令近，不往而到；三者，此没彼出；四者，一念能至。
>
> 转变者，大能作小，小能作大；一能作多，多能作一。种种诸物，皆能转变。外道辈转变，极久不过七日；诸佛及弟子，转变自在，无有久近。
>
> 圣如意者，外六尘中，不可爱、不净物，能观令

净、可爱；净物能观令不净。是圣如意法，唯佛独有。

他种佛经中还有更多述及，如《瑜伽师地论》卷三十七中，将如意通分为能变通、能化通两大类。能变通有十八变；能化通有化身、化境、化语等三种化事。我们把中国神魔小说拿来对照阅读，特别是与《西游记》和《封神演义》对读，从中不难找出那些出神入化之处的深远根源。当然，中国作家的化腐朽为神奇的创造力更为惊人。

Cintā-mani，这是一种佛经中经常讲到的宝珠。cintā是"珠"的意译；mani则带有"称心如意"之意，故意译为"如意"，音译则是"摩尼"。合称"如意珠""如意宝珠"，或音加意译为"摩尼珠"等。它是产生在大海龙宫中的神奇法宝（也有说是帝释天所持金刚的碎片所化的，有说是佛的舍利变化而成的），掌握了它，向它祈求，就能变出一切生活用品和宝贝来，还能除去一切疾病和烦恼。因其在佛经中常见，我们只举一些经品篇目，如《杂宝藏经》卷六，《大智度论》卷五十九，《大方便佛报恩经》卷四，《观佛三昧海经》卷十和卷十六，《仁王般若经》卷下等，以及敦煌所出讲经文《双恩记》等中国人发展了的讲唱故事。请有兴趣的读者参看，均不赘引。

再有一种作为具体器物的如意。北宋天禧三年（1019

三生石上旧精魂

摹唐代阎立本《历代帝王图》中陈文帝执爪形如意

年）道诚所辑的佛教常识汇编《释氏要览》卷中对之有比较详细的解释，以其重要，故全引如下：

> 如意，梵云"阿那律"，秦言"如意"。《指归》云："古之爪杖也。"或骨、角、竹、木，刻作人手指爪。柄可长三尺许。或脊有痒，手所不到，用以搔抓，如人之意，故曰"如意"。诚尝问译经三藏通梵大师清沼、字学通慧大师云胜，皆云："如意之制，盖心之表

153

也。故菩萨皆执之，状如云叶，又如此方篆书'心'字故。若局于爪杖者，只如文殊亦执之，岂欲搔痒也！"又云："今讲僧尚执之，多私记节文祝辞于柄，备于忽忘。要时手执目对，如人之意，故名如意。若俗官之手版——备于忽忘——名笏也。若齐高祖赐隐士明僧绍竹根如意，梁武帝赐昭明太子木犀如意，石季伦、王敦皆执铁如意，此必爪杖也。"因斯而论，则有二如意，盖名同而用异焉。

这里指的是作为一种器具的"如意"，也就是我们现在还在使用的"痒痒挠儿"，古人称之为"爪杖"者。它的顶端大体上作手爪形。可是，在北宋时期，已经向"云头形"转变了。

二

上引道诚与道忠和义楚著作中的材料，大致都是公元九世纪前后人们对如意的认识、理解与说明，而且都是僧家的话。在此以前，对如意的解释，都没有这三段那么多和明确——至于是否正确，我们在下面还可以讨论。现在，我们就从九世纪即大致是北宋以前往上推，看看那时使用如意的情况。

我们发现，作为口语或说是传统型的口语，"如意"一词当然还在不断地使用。试举二例：

权抚背（按：孙权在与周瑜个别谈话时抚周瑜之背）曰：卿能办之者诚快，邂逅不如意，便还就孤。孤当与孟德决之。"

（陈寿《三国志》卷五十四，裴松之注引《江表传》，中华书局，第1262页）

孝武（按：东晋孝武帝）属王珣求女婿，曰："王敦、桓温，磊砢之流。既不可复得，且小如意，亦好豫人家事，酷非所须。……"

（刘义庆《世说新语》，余嘉锡《笺疏》，中华书局，第820页）

以上说的都是口头上当作吉祥话说的"如意"。

我们还发现，作为搔痒使用的如意，在那时的上层社会中是很流行的：

虞世南以犀如意爬痒久之，曰："妨吾声律半工夫！"

（冯贽《云仙杂记》卷三，《四部丛刊·续编》

本，第五叶）

不空……又与罗公远同在便殿。罗时反手搔背，不空曰："借尊师如意。"殿上花石莹滑，遂激窣至其前。罗再三取之不得。上欲取之，不空曰："三郎勿起，此影耳。"因举手示罗如意。

（段成式《酉阳杂俎》前集卷之三。按：《宋高僧传》卷一"不宣传"中所载与此略同）

我们更发现，对于这种基本用途应该是"爪杖"的如意，有三个问题可以提出来说一说：

1. 把爪杖称为如意，现知最早的史料大体上只能上溯到三国时期。那就是如下的一条：

胡综博物。孙权时掘得铜匣，长二尺七寸，以琉璃为盖。又一白玉如意，所执处皆刻龙虎及蝉形。莫能识其由，使人问综，综曰："昔秦皇以金陵有天子气，平诸山阜，处处辄埋宝物以当王气，此盖是乎？"

（《酉阳杂俎》前集卷之十一）

据《补三国艺文志》等记载与考证，这一条是从三国时期的著作《胡综别传》中引用过来的，这是它的上限。至于秦始皇是否干过埋宝物的事，埋的又是什么，恐伯胡综也就是姑妄言之。不过，他的话中有一点值得特别注意，那就是把如意当成宝物之一种。这就大大地提高了如意的身份，说明如意不仅仅是搔痒的器具了。

2. 现存的古代如意实物，一般常引用来说明问题的，厥唯日本正仓院所藏的"犀角黄金钿装如意"。据照片与说明，它那手掌形的头部是白犀角所制；有七个并拢的手爪，柄部镶嵌各种象牙、黄金、珠玉等花纹装饰。总之，是一种华贵的器具，"非常人可享"之物。下等人是无福消受的。证以我们在此前此后所引的资料，也都证明如意在上层社会中流行。这些资料还证明，其流行时期大致从三国时期开始，通贯到九世纪。

3. 从上引九世纪僧人等所说的话能够悟出，三至九世纪中流行的如意，虽然有的已经是宝物级别的器具了，可还是瓜杖形的。但是它似乎受到上层人士的极大偏爱，赋予它多种超乎搔痒以外的用途。

> 初，高祖（按：魏高祖孝文帝）欲观诸子志尚，乃大陈宝物，任其所取。京兆王愉等皆竞取珍玩，帝（按：魏世宗宣武帝）唯取骨如意而已。高祖大奇之。
>
> （魏收《魏书》卷八）

我们注意到,"骨如意"虽然不一定是华贵器物,却可列入宝物之林。但是,它又不属于珍玩之列。一个儿童取如意而不取珍玩,足以觇其志尚。说明它具有某些特殊意义,它在上层人物的心目中,已经远不是个痒痒挠儿了。

当代佛寺方丈升座时手执如意

三

若把这一时期的资料略加排比,来看一看如意究竟在起些什么作用,上层社会中人物怎样使用它,我们会发现许多有意思的事情。

我们发现,上层社会中人物经常执持它。但是,搔痒倒似乎成了它的副业。那么,它的基本用途是什么呢?

它成为高级人物如政治和军事领导人物、高级知识分子(特别是其中的清谈家)、高僧(特别是能讲经和参加清谈的高僧)、"高尚其事"的隐士等人手中经常执持和耍弄的东西,多少带有显示身份的作用。我们读十八九世纪的欧洲小说，比如说《傲慢与偏见》，或是《大卫·科波菲尔》之类，并观看其中的插图，看到那时的洋"绅士"手杖是不离手的；鲁迅的《阿Q正传》中，那位著名的"假洋鬼子"，其外在标志性特征之一，就是有一根"打狗棍"（Stick）。至于十八九世纪的洋"淑女"，外出时一把小洋伞是不离手的。就拿Stick来说，二三十岁的健康男子汉是不需要拐棍的，主要为显示身份之用。当然啦，用来指点些什么，那是顺手得用的。福尔摩斯之流人物还可用以打斗。这些都是它的"副作用"了。反观以下有关如意的资料，我们会发现。其作用真是惊人的相似：

1. 它起指点、指示作用，有点像当代的指挥棒或者教鞭。执持者肯定是有身份的人。有时甚至挥舞起来。能耍的也是高级领导人，而不是儿童或者在当时身份低下的歌舞演员：

  吴主潘夫人…为江东绝色。……有司闻于吴主，使图其容貌。夫人忧戚不食，减瘦改形。工人写其真状以进。吴主见而喜悦，以虎魄如意抚案，即折。嗟曰："此神女也！愁貌尚能惑人，况在欢乐！"

  （晋·王嘉《拾遗记》，齐治平校注本，中华书局）

孙和悦邓夫人，常置膝上。和于月下舞水精如意，误伤夫人颊，血流污裤，娇姹弥苦。

（同上）

上（化文按：齐武帝）仍以玉如意指巘（按：齐豫章文献王萧巘）曰："未若皇帝之次弟为善最多也！"

（李延寿《南史》卷四十二，中华书局，第1064页）

自大和乙卯岁（按：唐文宗大和九年，835年）后，上不乐事，稍闻，则必有叹息之音。会幸三殿东亭，因见横廊架巨轴于其上，上谓修己（按：著名画家程修己）曰："斯开元东封图也。"因命内巨轴，悬于东庑下。上举白玉如意指张说辈数人，叹曰："使吾得其中一人来，则吾可见开元矣！"

（唐·李濬《松窗杂录》）

殷荆州（按：殷仲堪）有所识，作赋，是束皙慢戏之流。殷甚以为有才，语王恭："适见新文，甚可观。"便于手巾函中出之。王读，殷笑之不自胜。王看竟，既不笑，亦不言好恶，但以如意帖之而已。殷怅然自失。

　　　　　　（《世说新语·雅量第六》）

　　谢万北征，常以啸傲自高，未尝抚慰众士。谢公（按：谢安）甚器爱万，而审其必败。乃俱行，从容谓万曰："汝为元帅，宜数唤诸将宴会，以说众心。"万从之。因召集诸将，都无所说，直以如意指四坐云："诸君皆是劲卒！"诸将甚忿恨之。

　　　　　　（《世说新语·简傲第四十二》）

　　陈林道（按：陈逵）在西岸，都下诸人共要至牛渚会。陈理既佳，人欲共言折。陈以如意拄颊，望鸡笼山叹曰："孙伯符志业不遂！"于是竟坐不得谈。

　　　　　　（《世说新语·豪爽第十三》）

　　2. 它用来击节叹赏。前引吴主孙权以如意抚案就可作为一个例证，可惜用力过猛，刚打一下子就断了。这也算表达激赏的动作罢！再举几个疾徐应节的故事：

　　武帝（按：梁武帝）悦之，谓曰："今李膺何如昔李膺？"对曰："今胜昔。"问其故，对曰："昔事桓、灵之主，今逢尧、舜之君。"帝嘉其对，以如意击席者久之。

（《南史》卷五十五）

张文诩……时游太学，……学内翕然，莫不宗仰。……意不在仕，……仁寿末，学废，文诩策杖而归，灌园为业。

州郡频举，皆不应命。……每闲居无事，从容长叹曰："老冉冉而将至，恐修名之不立！"以如意击几，皆有处所。时人方之闵子骞、原宪焉。

（《隋书》卷七十二《孝义传》）

宣宗皇帝英明俭德，器识高远。比在藩邸，常为诸王典式。忽一日不豫，神光满身，南面独语如对百僚。郑太后惶恐，虑左右有以此事告者，遂奏文宗云上心疾。文宗召见，熟视上貌，以玉精如意抚背曰："此真我家他日英主，岂曰心疾乎？"

（唐·苏鹗《杜阳杂编》卷下）

王处仲（按：王敦）每酒后，辄咏："老骥伏枥，志在千里。烈士暮年，壮心不已。"以如意打唾壶，壶口尽缺。

（《世说新语·豪爽第十三》）

> 释慧布……尝造思禅师（按：南岳慧思），与论大义。连彻日夜，不觉食息。理致弥密，言势不止。思以铁如意打案曰："万里空矣，无此智者！"坐中千馀人，同声叹悦。
>
> （《续高僧传》卷七《慧布传》）

我们注意到，叹赏的都是与政治、学术相关的大事。王敦的不如意正从以如意打击唾壶表现出来，带有词义双关的特定心理状态。

3. 如意直接用于打击，前引孙和误伤邓夫人是特例，乃无心之过。更有真打的，起的是如我们前面所说的福尔摩斯的手杖的作用，也正如假洋鬼子打阿Q一般。也有往器物上打的：

> 钧（按：殷钧）形貌短小，为主（按：梁永兴公主）所憎。……钧不胜怒而言于帝，帝以犀如意击主，碎于背。
>
> （《南史》卷六十）

> 石崇与王恺争豪，并穷绮丽，以饰舆服。武帝（按：晋武帝司马炎），恺之甥也，每助恺。尝以一珊瑚树——

高二尺许——赐恺,枝柯扶疏,世罕其比。恺以示崇。崇视讫,以铁如意击之,应手而碎。

(《世说新语·汰侈第三十》)

玄宗好神仙,往往诏郡国征奇士。有张果者,……上谓力士(按:高力士)曰:"吾闻:奇士至人,外物不能败其中。试饮以堇汁,不死者乃奇士也。"会天寒甚,乃使以计进果。果遂饮,尽二卮。醺然如醉者,顾曰:"佳酒也。"

乃寝。顷之,取镜视其齿,已尽焦且黧矣。命左右取铁如意以击,齿尽堕而藏之于袋。乃怀中出神药——色微红——傅于堕齿中,复寝。久之,视镜,齿皆生矣,而粲然洁白。上乃信其不诬。

(唐·李德裕《次柳氏旧闻》)

4. 更有用于军事指挥的,这在前引"谢万北征"条已见端倪,但尚未用于临阵。上阵时执持应用来指挥的,大半是在学习那"名士风流"的诸葛亮。诸葛亮手执的可是"羽毛扇",即麈尾;孙机大学长在《文物丛谈》(文物出版社1991年版)中有精彩的论述;请有兴趣的读者参看,不赘述。后来人上阵,使用的道具则有白羽扇、如意之类,看来都是为了显示身份。如意能顺手一指,且具有双关意义,

于是"指挥如意笑谈中"矣!当然,持者要有诸葛亮的本事才行:

> 韦睿,字怀文。……魏中山王元英寇北徐州,……英自率众来战,睿乘素木舆,执白角如意麾军,一日数合。英甚惮其强。
>
> (《梁书》卷十二)

> 王昭远,……好读兵书,颇以方略自许。宋师入境,昶(按:蜀后主孟昶)遣昭远与赵崇韬率兵拒战。……及行,执铁如意指麾军事,自方诸葛亮。……崇韬布阵将战,昭远据胡床,惶恐不能起。俄崇韬败,乃免胄弃甲走投东川,匿仓舍下,俄为追骑所执,送阙下。
>
> (《宋史》卷四百七十九)

5. 正因作为器物的如意又带有言辞方面的双关意义,很受喜欢耍弄词语的中国人宠爱,所以,在赠送如意时,常具有此种暗示性质的意思,希望对方心领神会:

> 席阐文,安定临泾人也。少孤贫,涉猎书史。齐初,为雍州刺史萧赤斧中兵参军,由是与其子颖胄善。复历西中郎中兵参军,领城局。高祖(按:梁武帝)之

将起义也，阐文深劝之。颖胄同焉。仍遣田祖恭私报高祖，并献银装刀。高祖报以金如意。

（《梁书》卷十二）

高祖（按：魏高祖孝文帝）将南讨，遣羽（按：魏广陵惠王羽，孝文帝之异母弟）持节安抚六镇，发其突骑，夷人宁悦。还领廷尉卿。车驾既发，羽与太尉丕（按：魏东阳王丕）留守，加使持节。语在丕传。高祖友爱诸弟，及将别，不忍早分，诏羽从至雁门，乃令羽归。望其称效，故赐如意以表心。

（《魏书》卷二十一上）

高帝（化文按：齐高帝）后谓庆答曰："卿兄（按：明僧绍）高尚其事，亦尧之外臣。朕梦想幽人，固已勤矣。所谓'径路绝，风云通'。"仍赐竹根如意、笋箨冠，隐者以为荣焉。

（《南史》卷五十）

释慧勇……尝行报恩寺前，忽见人云从摄山来，授竹如意。谓勇曰："寻当如意。"俄失踪迹。

（《续高僧传》卷七《慧勇传》）

庾征西（按：庾翼）大举征胡，既成行，止镇襄阳。殷豫章（按：殷羡）与书，送一折角如意以调之。庾答书曰："得所致，虽是败物，犹欲理而用之。"

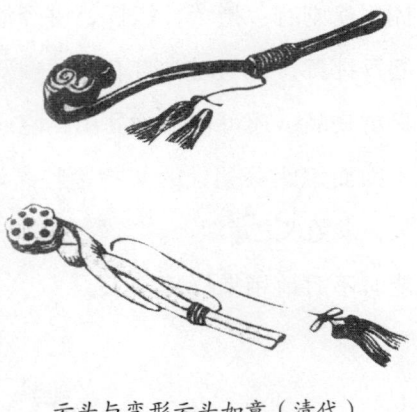

云头与变形云头如意（清代）

（《世说新语·排调第二十五》）

6.更有用如意质酒的，可见它是一种贵重到能作抵押的物品，与"五花马""千金裘"价值差不多：

　　玄宗于凉州以镂铁如意质酒，翌日命中使，托以他事，使于凉州。因求如意以还，验之非谬。

（唐代薛用弱《集异记·补编》中"叶法善"条。按：所引为叶法善施法术与唐玄宗在正月十五日夜间自首都出游凉州事。）

可以大体上这样作个小结：从三国时期到五代，如意的形制只有手爪型一种，但它通行于上层社会，每每制造成华丽贵重的形态。上层人物执持它，可为显示身份之用。具体用途则有：指示，指挥，讲经清谈时作教具道具，高兴时起舞挥舞，赠与时常带有暗示性双关意义；作为一种值钱的贵重物品，还可作抵押品用；它还作击节称赏用，作打击用（因而宋明等朝代的文物鉴赏家认为古人是拿它当防身利器的，未免求之过深）。当然，它原来的本能是挠痒痒，因而也能时不时地用来挠痒痒了。

四

必须注意如意在僧人讲经和名士清谈中的用途，请继续参看以下资料。

1. 僧人讲经说法时执持或受赠如意的资料：

> 南岳（按：慧思）造金字《般若》，命师（按：智𫖮）代讲。唯"三三昧"及"三观智"，用以咨审，馀悉自裁。南岳手持如意，临席赞之曰："可谓法付法臣，法王无事。"
>
> （《佛祖统纪》卷六《智𫖮传》。按：此则故事在灌顶所作的《隋天台智者大师别传》、士衡所作的《天台九祖传》等资料中均有记载）

> 十二月十七日夜，跏趺端坐，仍执如意说法，辞理

深邃。（按：下面就讲这位僧人涅槃的事了）。

（《法华传记》卷三《唐台州国清寺释智晞》）

释慧成……承南岳思禅师匡化山中，引众波动。试往看之。既见，欣仰，欲学定业。……乃惟曰："承大师善知来意，今试验之。"见犀如意及手巾、线履，欲得之。思命令送与。

（《续高僧传》卷十六《慧成传》）

远（按：慧远）神韵严肃，容止方棱。凡预瞻睹，莫不心形战栗。曾有一沙门，持竹如意，欲以奉献。入山信宿，竟不敢陈。窃留席隅，默然而去。

（《高僧传》卷六《慧远传》）

缥竹湘南美，吾师尚毁形。仍留负霜节，不变在林青。每人杨技手，因谈贝叶经。谁期沃州讲，持此别东亭。

（《全唐诗》卷八百二十，
释皎然《赋得竹如意送详师赴讲》）

2. 文士讲论经义时可以手持如意的资料：

169

文宗皇帝尚贤乐善，……常延学士于内庭，讨论经义，……而李训讲《周易》微义，颇协于上意。时方盛夏，遂命取水玉腰带及辟暑犀如意以赐训。训谢之。上曰："如意足以与卿为谈柄也。"

（唐·苏鹗《杜阳杂编》卷中）

按：前引齐高帝赐隐士明僧绍竹根如意，也是为了供他在讲论中使用，可与此则同观。

两晋南北朝清谈名士举行清谈，包括与名士派的僧人清谈某些佛经经义时，手执的是麈尾。看来，正规的清谈必执持麈尾，而僧人自家讲佛经，如前引资料中所说，却是执持如意的，并可在如意上写小字提纲，以备参考。这就比麈尾仅可"挥洒自如"多出一项功能。同时，我们注意到，儒士讲五经，也可执如意以为谈柄。南北朝僧人讲佛经，似乎是从儒家讲经学来的，至少它本身也是汉化的东西，所以执持如意在佛教中也应是汉化佛教独创。再者，因其为讲经时所用，所以高级文士型僧人执持它，也可显示身份。文殊菩萨是佛教菩萨中代表"理"的一位菩萨，因此，汉化佛教逐渐在他的手中安上如意（也有让他手执贝叶经的，后世更多的则是手执中文卷子形甚至线装书册形经卷），就是顺理成章的事情了。

这就会出现一个有碍观瞻的问题：如意的原始形象，

毕竟是一把痒痒挠儿。用以指挥，还可收以手指臂之效，无伤大雅。可是用于文事，一位高级知识分子或上层领导人老拿着这么个玩艺儿，特别是菩萨老拿着它，总不是个太像样儿的事。笔者认为，大约就在文殊执如意像出现前后，也就是五代时期，云头如意开始出现，同时，原来的手爪形如意身份降低，并且有了"和痒子"（或称"痒和子"）的新称呼。这种称呼，今所见最早的资料大约在《祖堂集》卷四的"石头希迁"条中：

六祖还化后，（希迁）便去清凉山靖居行思和尚处，礼拜侍立。和尚便问："从什么处来？"对曰："从曹溪来。"

和尚拈起和痒子曰："彼中还有这个也无？"对曰："非但彼中，西天也无！"

这是一个"机锋"。大和尚还手执手爪形如意，尚有表示身份的用意，但是从希迁看来，不过是"和痒子"罢了！从而可以悬测有不是和痒子的新式如意出现。希迁的回答，语意双关。可以假定，他见过的文殊像已经执持新式云头（或说是"心字"）如意了。在此补充说几句：前引资料中，北宋初的和尚说如意（实为新式如意）取义于"心"字，后来遭到日本僧人的反驳，说拼音的梵文中哪有那样的心字，那当然是反驳得对。可是，从中文文字角度考虑，若不说是西天传来的，"只说是自家会的"（这是孙悟空对须菩提祖师发的誓），那么，当初塑造云头如意形象时，说不定是会想到"心"字形的意匠创造呢！后来的灵芝形如意，又说不定是从心字形发展而来呢！

五

由打如意形制二水分流后，和痒子形状的如意身价一落千丈，完全恢复了原来挠痒痒的原始功能，重新成为老头儿老太太的爱物。那云头如意等新品种则身价十倍，并且演化出一些新用途来。这种发展，大约在明清两代完成，民国初年告一段落。从乾隆年间到西太后专政，是新式如意的黄金时代。这期间相关的资料极多，特别是官方资料如"实录"等资料记载很多。限于本文篇幅，我们只能简略引用。

例如《清实录·仁宗实录》卷三十七，嘉庆四年"庚午""甲戌"两日谕内阁，均有"朕于乾隆六十年九月初三日，蒙皇考册封皇太子，尚未宣布谕旨。而和珅于初二日即在朕前先递如意，漏泄机密，居然以拥戴为功"的内容，并将此事列为罪名之首："其大罪一。"这是《清实录》中最有代表性的"如意"公案。当然，《清实录》中记载的最终成为庆典式的皆大欢喜的"如意"事件更多。好在这类资料

三生石上旧精魂

在官书中俯拾即是,请有兴趣的读者自行检阅,我们就不多引了。倒是要略引一些小说、笔记等资料,从侧面说明,自觉也算别具一格。

先说形制。新式如意大致演变成三大类型:

一类是头部为镶嵌珠宝玉石、雕镂金银花样的云头、灵芝等形状的,以弯曲的柄部承接。执持部可直也可略呈弯曲。因为它便于在一头执持,所以塑像、画像中人物(如菩萨、神仙)以及戏曲演出中多用之。

南京西善桥墓砖刻王戎弄如意。

另一类则是"两头如意",就是两端各出头部,头部形制与前一类略同。常常是一个头大一个头小些;柄部则常为弓形小弯曲。执持时必须用双手,呈递给对方时,地位低的人把小头侧向己方;帝王下赐则反之。

再一类是"三镶如意",它在大大拱起的弓形柄部再安上一个如意头。正因其有三头,所以必须把柄部做长才行,相应地头部也要做大。一般地说,这种如意要比前两种大和长一倍以上,拿起来很不方便,主要当摆设。清宫中这种如意特别多,可算是最贵重的一种了。更有发展到四镶、五镶的,过于繁缛,且非常规,较少。

我们必须注意到下列两点:

1. 这种新式如意已经被赋予某种最高级宝物的尊贵身份地位。道家特别偏爱它。它成为最高级的正派神仙的持物,也是他们的法宝和武器。试举小说中之例:《封神演义》多处说到高级神仙使用如意,例如,第八十四回中,元始天尊打通天教主,就用的是玉如意。有时还派人运用此宝:万仙阵破后,申公豹逃走,元始天尊就说:"命黄巾力士将我的三宝玉如意把他拿在麒麟崖伺候!"第七十七回"老子一气化三清",玉清道人头戴"如意冠"(注意:不是如意,只是以如意命名),手执的武器(也是法宝)可是"灵芝如意";太清道人手执的是"三宝玉如意"。能使如意当法宝与武器的,全是最高级至少是次高级神仙,而且作风正派的才够格。截教虽然是邪教，但与阐教同出鸿钧道人门下，所以，对其中的人物区别对待。截教的掌门大弟子，仅次于通天教主的二把手金灵圣母，后来"封神正位为星首"，封为"斗母正神"，"执掌金阙"，"居周天列宿之首，为北极紫气之尊"，显然是正面人物。所以她在万仙阵中，一人能用玉如意招架三大士，战够多时，最后还是燃灯道人暗中用定海珠把她打死的。补说一句：她坐的是七香车（王母娘娘坐的那一种），法宝还有四象塔和龙虎如意，那也是正派神仙才能使用的；她的徒弟中，地位显赫的有使用雌雄双鞭的三眼闻仲闻太师，也是正派的忠臣。可见《封神演义》的作者是很给她留身份的。至于佛教、道教的尊像中，执如意者比比皆是。但是，我们却发现了一种有趣的现象：道教似乎对如意比佛教更加重视。上引《封神演义》已经说明了这一问题。汉化佛教的尊像，执如意的多为菩萨级，而且大体上都定点在文殊菩萨手中。《封神演义》中的慈航道人（道教用以比附佛教中的观世音菩萨）也用三宝玉如意，故而后世的观世音画像、塑像有时也手执如意，想必是互相影响。

2. 在明清时代大事发展起来的各种吉祥图案中，以"如意"为名的占相当大的比例。其造型多为云头或灵芝形，无柄者居多。显示出受到实物如意意匠的影响。当然，取"吉祥如意"双关词义，是这类图案的共同出发点。从而，图案与实物在社会生活中互相影响，就把如意抬得越来越高。

　　我们回到实物如意身边来，再说说它在社会特别是上层社会中的用途。有关资料极多。我们从中看到，它已经成为纯粹的吉祥物，专供颁赐、馈赠、典礼时使用。请看下列各资料：

　　年节王、大臣呈进如意，取兆吉祥之义也。自雍正年间举行。嘉庆元年，贝勒、贝子、公等，以至部院、侍郎、散秩大臣、副都统，俱纷纷呈进两分。于是定以限制：凡遇元旦、万寿及庆节，唯宗室亲王、郡王、满汉大学士、尚书始准呈进，其馀一概不准。……而如意之例，后又减去庆节一次。至己未（按：嘉庆四年，1799年）则并王公大臣督抚等呈进之例悉行禁止焉。

　　　　　　　　　　（清·姚元之《竹叶亭杂记》卷一）

　　嘉庆戊寅（按：嘉庆二十三年，1818年）九月十六日，圣驾自盛京旋跸……是岁万寿庆节驻跸兴隆寺，随扈王大臣官员均于行在行礼。其在京王大臣，有旨概不许差人至行在呈递如意贡品。其轮赴行在接驾谢恩者，亦不许携带如意呈递。

　　　　　　　　　　　　　　　　　　（同上）

　　甲午（按：光绪二十年，1894年）六月，德宗万寿，赐宴太和殿。……宴之次日，赏福字、三镶如意……八色。……

（清·何刚德《春明梦录》）

甲午十月初十日，为孝钦太后六旬圣寿。……届期太后出宫，坐六十四人所抬人辇。……德宗步行前导。前又有王公二人，手各持如意一柄，俯首退后引行。

（同上）

据以上所引，我们应该特别注意到，如意在祝寿时常作为象征性器物使用，作为呈献、颁赐或馈赠的贵重礼品。再举一个小说中的例子：《红楼梦》第七十一回，贾母作寿，钦赐的礼品中，首列"金玉如意一柄"，可见其受重视的程度。但是，当我们打开《国朝宫史》卷十八中"皇太后大庆恭进"条，看乾隆的母亲六十、七十诞辰两次多日皇帝进献寿礼的礼单，每天差不多都有如意九柄，占"九九大礼"中一九之数，并且在礼单中常常列在前面，就可知它受重视的程度了。相形之下，贾母所得简直是小巫见大巫，提不起来了。

我们更看到一种有趣的现象：因其在交往和呈献赐予中起一种类似现在藏族献哈达的作用，因而在清末的上层社会中需求量特别大。清季谴责小说《二十年目睹之怪现状》

第二十八至二十九四叙述,为了"藩台老太太日",送礼,"只差一个如意",要专门派人从南京到上海去采购。这是一个很能说明如意在寿礼中之重要性的故事。此书的第四十四回,还有一处讲到寿堂的陈设:

> 只见当中挂着一堂泥金寿屏,是藩台送的,……两旁是道台、首府、首县的寿帐。寿座上供了一匣翡翠三镶如意,还有许多果品之类,也不能尽记。……

可以看出,如意在当时的祝寿礼仪中具备的重要性了。

除了寿礼,如意在婚礼中作定物、作贺礼礼品也占据重要地位:

> 金钗钿合定深情,执贽宫仪别有名;椒房都趋珠宝市,一时如意价连城。
>
> 清制:册立妃后,见两宫必递如意为贽。上及太后亦以如意赐之。每遇庆典,椒房贵戚搜买遍京师,而东西珠宝市之价遂较寻常倍蓰矣。
>
> （《清宫词》）

到了民国年间,此礼渐渐淡化。旧式结婚前"下定"和结婚的嫁妆里可能还会有如意的踪迹,但因其毫无实用价值，只能当摆设，在时局越来越不安定的时候，也卖不上好价钱，因而也就被淘汰了。倒是在我们当代，国泰民安，如意又能出现在古玩店里，价钱也呈现出逐步抬高之势了。

六

孙机大学长曾赐告：《曲阜鲁国故城》（山东省文物考古研究所等编，齐鲁书社1982年出版）一书中，披露出土东周牙雕爪杖（书中称为"孝顺"）两件。可见中国早有此物。南亚次大陆的"阿那律"经过僧人传入，不会早于东汉。汉族有一种不见得正确和不见得好的心理，就是对待舶来品，即使中国早有同类器物的，也会觉得洋玩意儿特别，对之有神秘感。进而牵强附会，抬升其身价。即如如意，在南亚次大陆的人看来，绝不如中国人那么重要而且越来越带有象征性，也就是痒痒挠儿罢了。可是，如意在中国上层社会中，在佛道二教中，在小说戏曲中，越来越具有特定的道具意义，如"天官赐福"中天官必执持，当代方丈开座时必执持，即是明证。后来还演化出许多如意装饰意匠，还有若干如"称心如意""事事如意"之类的口头惯用成语，可见中国人是如何热爱如意了。

当然，写作这篇文字的重要意旨之一，还是要区分开爪形如意与云头如意，并将此种演化定于五代时期。

话拂尘

一

拂尘,现代北方口语称为"蝇刷子",雅称也叫"拂子",古代也称为"蝇拂"。它本是一种驱除蝇蚋的工具,相当于"马尾巴的功能"。其造型,一般为:细长的柄部,木制、竹制、藤制的常见,高级的有牙、犀、玉等质料的;和柄部相连接,如半个皮球状的束毛主轴底圈,常用骨、牙、犀等质料制成。栽在束毛圈上的刷毛,一般用长而软中硬的鬃毛制成,也有用棕用麻和用各种线绳的。

古代南亚次大陆地处亚热带,蝇蚋相当多,从佛经中的记载看,拂尘是当时那里主要的驱除蚊蝇工具。梵语Vyajana

或Vala-vyajana，意译就是"拂尘"了。佛藏中律部所载，有关释迦牟尼佛对使用拂尘的规定分见于多处，但内涵基本相同。下举两例：

> 拂法者：佛住王舍城，世人节会日男女游观。时六群比丘持白犁牛尾拂，以金银作柄。有持马尾拂者，为世人所嫌。乃至……佛言："从今已后，不听捉拂。"复次，佛住毗舍离，诸比丘禅房中患蚊故，以树叶拂蚊作声。佛知而故问："比丘，此何等声？"答言："世尊制戒，不听捉拂。是故诸比丘以树叶拂蚊作声。"佛言："从今已后，听捉拂。拂者，线拂、裂㲲拂、芒草拂、树皮拂。是中除白犁牛尾、白马尾——金银柄，馀一切听捉。若有白者，当染坏色已，听用。捉拂时，不得如淫女捉拂，作姿作相。"是名拂法。
>
> （《摩诃僧祇律》卷三十二）

> 缘在广严城猕猴池侧，高阁堂中。时诸比丘为蚊虫所食，身体患痒，爬搔不息。俗人见时，问言："圣者，何故如是？"以事具答。彼言："圣者，何故不持拂蚊子物？"答言："世尊不许。"——广说如前，乃至以缘白佛——佛言："我今听诸苾刍畜拂蚊子物。"是时六众闻佛许已，便以众宝作柄，用犁牛尾而为其

拂。俗人既见——广说如前，乃至——佛言："有其五种祛蚊子物：一者捻羊毛作，二用麻作，三用细裂氎布，四用故破物，五用树枝梢。若用宝物，得恶作罪。"

（《根本说一切有部毗奈耶杂事》卷六）

上引释迦牟尼佛所说"拂法"两处。可以补充说明的是，"六群比丘"亦即"六众"（梵文Sad-vargika-bhiksu的意译），是律藏中屡犯错误，需要释迦牟尼佛对之不断进行诫示的僧人。

据上引可知，拂尘的制作质料多种多样，从原则上说，僧人不许持有贵重的拂尘。古代南亚次大陆那时认为最贵重的拂尘，据佛经中反映，则为"白拂"，那是用喜马拉雅山脉地区的白犁牛（梵文Cāmara的意译）的尾毛做成的。据说此种牛的尾毛特别长，用它制成的拂尘特称Cāmara-vyajana，汉译简称"白拂"。还有一种白马尾毛制成的拂尘，也称为白拂。这大约因为释迦牟尼佛出家前所乘的爱马——曾驮着他逾城去出家，四大天王各托马足才越过城墙的——是白马之故。附带说说：古代南亚次大陆社会习俗崇尚白色，因而佛出家前的坐骑为白马。摄摩腾和竺法兰也是用白马驮经东来。缘此，小说《西游记》中的马也必须是白马，才有驮经的资格。总之，贵重的拂尘得为贵人而用。其中，柄部饰有宝物的白拂特称"宝拂"，更非常人可享。但是，佛经中的记载又显示出，贵人身份高，是不需自己执持拂尘的，要由贴身侍从执掌。从侍从方面说，还有表示敬意的意思。这种侍从的身份往往很高或者属于贴身亲随，这项差使也不是常人能捞得着的。兹引《妙法莲华经》中"信解品"内颇具形象性的一段，以说明之：

> 尔时穷子佣赁展转，遇到父舍，住立门侧，遥见其父：踞师子床，宝几承足。诸婆罗门、刹利居士皆恭敬围绕，以珍珠璎珞——价值千万——庄严其身。吏民僮仆手执白拂，侍立左右。

这一则故事，说明了古代南亚次大陆世俗社会中白拂的身价，它的主人和执持者的身份。在一定场合，它已不是一般的驱蝇用具，而具有显示主人身份地位的作用。

正因此，据笔者看，在对待拂尘特别是白拂的问题时，佛教显露出某种微妙的心理。一方面，早期的原始佛教具有一种返璞归真的意识形态。以汉译"阿含部"经典中的记载为例，如《长阿含经》卷十三中的"第三分阿摩昼经第一"，就记载佛不赞成"手执宝拂"等奢侈的行为；卷十四"第三分梵动经第二"中也说，如"执拂"等执持以便拂拭等事的行为，"沙门瞿昙无如此事"。可是，另一方面，大约是为了显示释迦牟尼佛的高贵身份，又给佛安排了执拂的侍者。这在《中阿含经》中显示得最为分明。据笔者统计，全经中有十多处讲到佛在晚年选拔亲随侍者，阿难被选中，从此执拂随侍，到了"最后涅槃时，尊者阿难执拂侍佛"，坚持到底。这只能说明，佛教徒认识到执拂有展示领袖身份的作用，因而作出这种特殊的安排了。

进一步，佛经及中外相关史料中，更记载了古代南亚次大陆的天神中的首脑为佛做侍从执白拂的故事。这对奠定释迦牟尼佛至高无上的地位更具有象征性的意义。典型例证是释迦牟尼佛上三十三天为母说法后，登宝阶下界的故事。这个故事见于多种记载，兹引《根本说一切有部毗奈耶杂事》卷二十九中的一段，从佛要由三十三天下界引起：

是时帝释白佛言："今欲诣赡部洲？"答言："我去。"白言："为作神通？为以足步？"答言："足步。"帝释即命巧匠天子曰："汝应化作三道宝阶：黄金、吠琉璃、苏颇胝迦。"答言："大善！"即便化作三种宝阶。世尊处中，蹑琉璃道。索诃世界主大梵天王于其右边，蹈黄金道，手执微妙白拂——价值百千两金——并色界诸天而为侍从。天帝释于其左边，蹈颇胝迦道，手执百支伞盖——价值百千两金——而覆世尊，并欲界诸天而为侍从。

这"三道宝阶"的故事可是太有名了。它还见于《摩诃摩耶经》《佛升忉利天为母说法经》《神道足无极变化经》和《杂阿含经》卷十九、《增一阿含经》卷二十八等汉译经典。中国人所记，则《法显传》中的"僧伽施国"条，慧超《往五天竺国传》，玄奘《大唐西域记》卷四"劫比他国"条，都记下了亲见"三宝阶"遗迹的事。特别应该引起注意的是，《大唐西域记》卷五，记录"曲女城法会"中的事情时说：

> 王于行宫出一金像，虚中隐起，高馀三尺。载以大象，张以宝幰。戒日王为帝释之服，执宝盖以左侍；拘摩罗王作梵王之仪，执白拂而右侍。……

这让我们想起了后来中国帝王也爱玩儿的那一套，如康熙、乾隆把自己的形象塑入罗汉堂之类。当然，古代南亚次大陆两位大王的这种做法，大大地提高了佛教的威望。佛教徒自然也就逐渐地将拂尘引入法事之内啦。

佛教经典中对拂尘特别是白拂如此高评价的记录，使之足够成为典故使用的了，因而，中国的文学家往往用"白拂"来代表高僧，或用来说明高僧道行高超。

……会公真名僧,所在即为宝。开堂振白拂,高论横青云。……

(《李太白全集》卷十二,《自梁园至敬亭山见会公谈陵阳山水,兼期同游,因有此赠》)

华堂多众珍,白拂称殊异。……

(《全唐诗》卷二百七十七,卢纶《和赵给事〈白蝇拂歌〉》)

我们注意到,"开堂振自拂",说的是僧人讲经时使用拂尘。这一点我们在此后要专门讲到。

二

中国古代自己也有拂尘,属于日用品,看来是本地老早就自产自销的,并非天竺传来。当然,质料和质量也是有好有次。有下引诗文为证:

……今奉牦牛尾拂一枚,可以拂尘垢。越布手巾二枚。……(《全后汉文》卷九十六,徐淑《又报(夫

秦）嘉书》）

孝武大明中,坏上(按:南朝宋武帝刘裕)所居阴室,于其处起玉烛殿,与群臣观之。床头有土障,壁上挂葛灯笼、麻绳拂。侍中袁凯盛称上俭素乏德。孝武不答,独曰:"田舍公得此,以为过矣!"

（《宋书》卷三）

(元)载有龙须拂,色如烂椹,可长三尺,削水精为柄,刻红玉为环纽。……置之于堂中,夜则蚊蚋不敢入。

（唐·苏鹗《杜阳杂编》卷上）

当公(按:李靖)之骋辩也,一妓有殊色,执红拂,立于前,独目公。公既去,而执拂者临轩……公问:"谁?"曰:"妾,杨家之红拂妓也。"

（唐·杜光庭《虬髯客传》）

集贤校理张希复言:"旧有师子尾拂。夏月,蝇蚋不敢集其上。"
（唐·段成式《酉阳杂俎》前集卷十六"毛篇"）

伴弄红丝蝇拂子，打檀郎。

（《花间集》卷六，和凝《山花子》）

仁宗当暑月不挥扇。镇侍迩英阁，尝见左右以拂子祛蚊蝇而已。

（北宋·范镇《东斋记事》卷一）

荆公先到书房，见柱上所贴诗稿经年尘埃迷目，亲手于鹊尾瓶中取拂尘，将尘拂去，俨然如旧。

（《警世通言》第三卷《王安石三难苏学士》）

自半含至盛开，未尝暂离。如见日色烘烈，乃把棕拂蘸水沃之。……又不舍得那些落花，以棕拂轻轻拂来，置于盘中。

（《醒世恒言》第四卷《灌园叟晚逢仙女》）

戏有五方狮子，高丈馀，各衣五色。每一狮子有十二人，戴红抹额，衣画衣，执红拂子，谓之"狮子郎舞"。

（唐·段安节《乐府杂录》"龟兹部"条。按：此条中似有夺字，十二人是舞狮子者，"戴红抹额，衣画衣，执红拂子"的是领舞狮子的"郎"，乃另一人。拂子为指挥狮子用。)

每奏，先鸣角。角罢，一军校执一长软藤条，上系朱拂子。擂鼓者观拂子，随其高低，以鼓声应其高下也。

（《东京梦华录》卷十"车驾宿大庆殿"条）

皇帝卤簿拂尘：朱牦为之。长二尺，结于木柄。柄长二尺一寸二分，围一寸五分七厘，通髹以金。上饰镂金龙首二寸五分，衔小金环以缀拂。下饰镂金龙尾三寸三分，末属金环，垂朱委。

（《清会典图·舆卫二·卤簿二》）

上引古代中国中原地区社会中世俗贵贱人等使用拂尘的记录共十二则，时代从后汉到清代。从中我们至少能了解以下的情况：

1. 拂尘的质料贵贱不等，与使用者的身份相当切合。当然，像"龙须拂""狮子尾拂"及其神奇功用，不过说说罢了。就拿真正的狮子尾来说，其尖端有短球形隆起，哪能当蝇甩子使呢。看来，棕拂虽贱，却不见得"物微世竞弃"，而是在贫寒的人们手中长期地使用着。因其质地较硬，还可以代替小扫帚使用。

2. 为了"摆摆谱",社会地位高的人自己是不执持拂尘的。除了上举书面记录外,还可以举唐懿德太子墓中壁画为例。其中一柄长柄拂尘,是由宫女执持的。王安石是个讲"祖宗不足法"的变法者,小说中特别用"亲手"两字点出他毫不讲究和事必躬亲的特点,当代读者万勿轻易读过。

3. 事实上,为了便于祛除蚊蝇和尘秽,当然以亲自动手为佳。这东西打人不痛,情侣间打情骂俏用之最为相宜。

4. 可作某种乐舞的指挥棒用。从而能使我们悟出:它也能像麈尾、如意那样,起着某种指挥若定、领袖群伦的作用呢。

5. 为了摆谱,自然可在仪仗、卤簿中使用。

6. 中国人认为红色吉祥,白色丧气。因而,世俗人等使用的拂尘,比较讲究的,常把鬃毛染作红色。只有一般人日常使用的棕拂,棕毛染不了,只可以本色对人了。好在中国人对白拂这种舶来品也并不反对,世俗人等日常也用白拂,取其纯洁干净罢了。

三

汉化佛教是把拂尘作为上堂说法时的法器使用的。这是汉化佛教特别是禅宗的创造,后来几乎在所有的寺院中都推广使用了,并影响到高丽、日本等地区的佛教。可以说,上堂说法用拂尘作为谈柄以助挥洒，已经成为汉化佛教的外在小标志之一。

我们在这里主要讨论以下两个问题：

1. 为什么挑中了拂尘来担当这项差使，以及开始起用拂尘的大致时代。

2. 在上堂说法时是怎样使用拂尘的。

在这一节中，我们讨论头一个问题。

且说，任何讲演者、教员，为了宣扬自己所说的内容，在宣讲时必然言传身教。言传是说，是讲；身教呢，自然是使用"手舞足蹈"一类的"体相"。这时，可以借助于某种器具，一则用以表现自己的身份并具备某些实际用途，如帝王、总统的权杖，以及教师的教鞭之类；二则可用以加强体相，成为人体动作语言的有机组成部分。这样，反复地使用特定的器具，并频繁地显示某种程式化动作，就更能使经常参加听讲的人产生条件反射，一看见某人手持某物做某种动作，就能自然而然地知道是怎么回事了。

魏晋清谈名士使用的表现身份和作为"谈柄"的器具，首选是麈尾。关于麈尾，已经有多篇论著讨论过。其中，最有代表性的，首推二十世纪四十年代傅芸子先生《正仓院考古记》①一书中的相关论述。此外，则有贺昌群

---

① 傅芸子：《正仓院考古记》，日本东京文求堂1941年出版。

先生《〈世说新语〉札记》[①]和日本福井文雅先生《麈尾新考》[②]两篇论文。有关麈尾及其使用的文字与图像资料及相关推论，已在这一书两文中论述得题无剩义矣。这里只是补充说几句：麈尾与清谈名士的关系，最后已经成为密不可分。高僧虽然后来也使用麈尾以助讲经，究竟非自家故物。随着清谈的逐渐淡化出历史与社会，真正的麈尾也大致在五代北宋之间消失，随即有一种也称为麈尾而实为拂尘的变种出现。有关此种历史的误会及在当代读者间阅读不同时代资料时产生的误解，后文《谈麈尾》中提出个人见解，请参看。

且说，麈尾既然不能成为僧人说法的专利品，别的呢？僧人试用过如意，而且从南北朝中期起，一直到晚唐时期，都在紧紧攥着它不放。可是，一则，这如意原来也是清谈名士手中的玩意儿；二则，也是在五代北宋之际，如意的样式发生变化；三则，宋元以下，道教抢夺如意的使用权。这些情况，前文《试释如意》中已有阐述。

据笔者估计，大致在晚唐五代时期，禅宗首先使用拂尘，以为说法谈柄。此后，逐渐在大多数不同宗派的寺院中

[①] 贺昌群：《〈世说新语〉札记》，载于《国立中央图书馆馆刊》复刊第1号，1947年。
[②] ［日］福井文雅：《麈尾新考》，载于《大正大学研究纪要（文学部·佛教学部）》第56号，1977年。

流行起来。最后发展成现在这个样子：成为说法时的代表性法器。

为什么禅宗挑中拂尘呢？拙见以为：主要原因已如上述，原始佛教非常重视拂尘。这一点，我们在前面第一节中已经引据说明得很清楚了。而且，在古代南亚次大陆，耆那教①的行者就执持拂尘，以助进修之益。这在翻译过来的佛经中也提到了。

从初唐以至盛唐，佛教中当时新兴的密宗是很崇尚拂尘的，起了推波助澜的作用。下举两例以明之：

一个例子是，把拂尘作为"二十一种供养具"之一，这很能提高拂尘作为庄严具的地位：

> 当设二十一种供养之具，作般若波罗蜜多法会，随力堪能，惟好精妙。何等名为二十一种？一者，严饰道场，安置尊像。……二十一，白拂。以如是等胜妙之具，至心供养，能令人王等及一切众生无始已来十恶五逆诸罪消灭，复令现在所求随意。
>
> （《陀罗尼集经》卷三）

---

① 耆那，梵文Jaina的音译。此教大致与佛教同时在古代南亚次大陆兴起，现在还在那里拥有好多信徒。其经典内容有与佛教近似处。

另一个例子是，让著名的菩萨手中执持白拂，也像前引的诸天天王和阿难那样，这就加多了拂尘的使用频率。例如，《陀罗尼集经》卷六中讲到，观世音菩萨和普贤菩萨的画像，是画作观音左手执白拂，而普贤右手执白拂的。再如，《千手观音大悲陀罗尼经》中提到，观音为消除恶障，四十手中一手执白拂。经典中还载有让密宗僧人自己执拂的指示，如《尊胜佛顶修瑜伽法仪轨》卷上中说，行者出行时当常持一白拂，诵真言加持一百零八遍，能解除众生烦恼，并有其他好处。因而我们就能悟出，那幅常被后来人翻印引用的"玄奘图"，为什么要在行程中的玄奘手上安放拂尘了。按：此图的母本实为宋代所绘，画的是否玄奘也难说，但它是一幅僧人长途旅行图，则毫无疑义。

拂尘之为僧人说法所用，通贯唐代以至现代。下举唐、宋、明三位诗人的诗句，作为形象化的说明：

朗吟挥竹拂，高揭曳芒鞋。
（《全唐诗》卷五百十一，张祜《题灵隐寺师一上人十韵》）

千签插架似蓬馆，白拂挂壁如僧宫。
（《全宋诗》卷一千四百三十九，韩驹《阳羡葛亚卿为海陵尉，作蕺春轩，为赋之》）

> 手横蝇拂坐绳床，竹间风吹煮茗香。
>
> （明·高启《送证上人住持道场》）

至于图像资料，可举：

1. 元大德本《佛果圜悟禅师语录》中的《佛果圜悟禅师顶相》插图。禅师右手握拂尘柄，左手承拂尘尾，将拂尘平置两膝之上。左右站立的侍从是径山杲禅师和虎丘隆禅师。

2. 天津蓟县独乐寺明代壁画"十六罗汉"中的"迦哩迦尊者"左手当心竖起拂尘（毛向下垂），大指与食指指尖相顶作圈形而其余三指扣在手心内，显示出说法情状。

3. 现藏日本的宋雍熙元年（984年）"弥勒菩萨像"，座前二侍女均执长细柄拂尘，其形状与懿德太子墓侍女所执者相仿。

四

有关僧人上堂时使用拂尘的情况，《敕修百丈清规》卷七的"四节秉拂"条有详尽说明。亦请读者自行参看。我们要说的是：

1. 禅宗对"秉拂"的僧人身份有严格规定，不是任何僧人都可拿起拂尘乱甩一阵的。据上引"四节秉拂"条，以及日本僧人道忠所著《禅林象器笺》的"职位门"、《释氏要览》卷中，将这几项资料综合，可以归纳为以下两点：

（1）住持上堂说法，必秉持拂尘，特称为"秉拂"。秉拂已成为上堂说法的同义词。

（2）代理住持秉拂的，称为"秉拂人"（但不可称住持为秉拂人）。其中包括前堂首座、后堂首座、东藏主、西藏主、书记，他们并称为"秉拂五头首"。上堂时，住持或秉拂人的侍者，称为"秉拂侍者"。

也就是说，别的僧人没有资格。

2. 上堂时如何使用拂尘，即用它作出什么样的体相语言来呢？僧人的语录和"灯录"中记载极多。以下，从语录中挑选出十二则各式各样的有代表性的使用拂尘的方式来，请参看：

上堂：僧问："如何是佛法大意？"师竖起拂子。僧便喝，师便打。又僧问："如何是佛法大意？"师亦竖起拂子。僧便喝，师亦喝。僧拟议，师便打。

（《镇州临济慧照禅师语录》）

大觉到，参。师举起拂子。大觉敷坐具，师掷下拂子。大觉收坐具，入僧堂。众僧云："这僧莫是和尚亲故？不礼拜，又不吃棒！"师闻，令唤觉。觉出，师云:"大众道汝未参长老!"觉云:"不审。"便自归众。

(同上)

师参岩头。岩头举起拂子,师展坐具。岩头拈拂子置背后,师将坐具搭肩上而出。岩头云:"我不肯汝放,只肯汝收。"

(《袁州仰山慧寂禅师语录》)

师问一僧:"汝会什么?"云:"会卜。"师提起拂子云:"这个,六十四卦中,阿那卦收?"僧无对。师自代云:"适来是雷天大壮,如今变为地火明夷。"

(同上)

上堂:……遂举起拂子云:"这个是相,那个是无相。……教甚么物随相转!"又举拂子云:"这个是无相……虽然如是,未免被山僧拂子穿却鼻孔!"复举拂子云:"随相转,也被拂子穿却鼻孔;不随相转,也被拂子穿却鼻孔。见佛,也被拂子穿却鼻孔;不见佛,也被拂子穿却鼻孔。"乃顾视大众云:"且作么生免得此过。毕竟水须潮海去,到头云定觅山归。"击禅床,下座。

(《大慧普觉禅师语录》卷二)

上堂:"知幻即离,不作方便。"以拂子左边击一下云:"向遮里荐取。离幻即觉,亦无渐次。"以拂子右边击一下云:"向遮里荐取。一人发真归元,十分虚空,悉皆消陨。"以拂子中间划一划云:"向遮里荐取。乌巨葛藤,尽被诸人觑破了也。诸人鼻孔眼睛被乌巨拂子穿却。因什么不觉不知?其间或有一个半个蓦地知非,黑漆拄杖未放过在。何故?曹溪波浪如相似,无限平人被陆沉。"

(《密庵和尚语录》)

解夏,小参:"竖起拂子,还见么?"敲禅床云:"还闻么?……今夏九十日内,入大光明藏中,呼唤森罗万象,明暗色空,情与无情。上至非非想天,下至空轮水际,一切蠢动含灵,尽向拂子头上安居。……"

(同上)

……次见尊宿,乃竖起拂子云:"山河大地,明暗色空,总在拂子头上。"对云:"三千里外赚我来!"

宿拂一拂，云："酌然，酌然！"某甲把住拂云："和尚，离却拂子别道！"尊宿笑云："是拂子作么生离？"某甲乃倒拂，一拂便出。

（同上）

除夜，小参："年尽，月尽，日尽，时尽！"以拂子划一划云："尽情划断！"举拂子云："者个无尽。还见么，唤作清凉拂子，受用无尽。……依旧年月日时悉皆无尽。虽然尽与无尽，与者拂子总不相干。大家庆快无尽。其或未然，伏听处分。"击拂子云："崭新历日明朝看……"

（《如净和尚语录》卷下）

丈遂举再参马祖因缘：祖见我来，便竖起拂子。我问云："即此用，离此用？"祖遂挂拂子于禅床角。良久，祖却问我："汝已后鼓两片皮，如何为人？"我取拂子竖起，祖云："即此用，离此用？"我将拂子挂禅床角。祖振威一喝，我当时直得三日耳聋。

（《圜悟佛果禅师碧岩录》卷二）

百丈当时以禅板、蒲团付黄檗，拄杖、拂子付沩山。沩山后付仰山。仰山既大肯三圣，圣一日辞去，仰山以拄杖、拂子付三圣。圣云："某甲已有师。"仰山诘其由,乃临济的子也。

(同上卷七)

……付区分于杖佛,与烹炼于炉槌。……

(《宏智禅师广录》卷二《长芦觉和尚颂古拈古集序》)

据以上各则,归纳出两点来向读者汇报。

(1)使用拂子的动作,大致有:

竖起,简称"竖",这是最常用的表示要说法"竖义""开示"时的方式。不论拂子原为何种状态,都将它直立起来。此时手执柄与束毛圈的接触部,整个的柄部就完全直立显露出来了。

举起,简称"举",即右手执拂尘柄头,左手执尾毛头,横举起来。这是表明将要秉拂的方式。

提起,是把拂子由横放的状态提到竖起的状态。也有在侧立或直立时故意往上提一提的。此乃"把往事今朝重提起"之谓也。

击,以拂子击禅床,这更是讲述到重点时,提请注意的方式。

划一划,是一种表示"断绝""划清"的方式。

用拂子打人，也算一种"棒喝"。比用拄杖轻，不大疼。

拈拂子置背后，挂拂子于禅床角，都是暂停说法的信号。

最有趣的是说法和听法者争拂子，如前引《密庵和尚语录》之第三则，竖义后，听者对答，秉拂只"拂一拂"，表示"是这么回事"。听者就不干了，上前一把揪住拂子，提出不按常规说法的要求。遭拒绝后，把拂子放倒，"一拂便出"——不听你的啦。

（2）我们所引的最后两则，讲的是上堂说法时拂尘和拄杖经常配合使用的事。它们是一组"道具"。付给接班人说法权，就常以付与拂尘和拄杖为象征。

至于所引各则语录中的禅机，那是"如人饮水冷暖自知"的事。白某愚钝未明，还要请读者指示。

至于在小说戏曲中，僧人道士却是都执持拂尘的。但僧人使用者少于道士。特别是女道士，总爱以拂尘为道具。例如陈妙常即是。在武侠小说中，武艺水平高，身份也高（武技首领级，中年人），且系行为正派的女道士，常执持长柄（多为铁或其他金属制成）拂尘对敌。当然，最著名的拂尘，还是红拂女手执的那一柄红拂。作为道具，红拂借慧眼识英雄的"风尘三侠"故事而流传千古矣！

谈麈尾

一

麈尾，是魏晋清谈家经常手执的一种道具。直到唐代，还在士大夫间流行。宋朝以后逐渐失传。近现代的人没有见过实物，往往顾名思义，把麈尾认为与马尾拂尘是一类东西；或见古代图画中有之而不识，把麈尾看成扇子。其实，考古与文物界，早在二十世纪四十年代傅芸子先生发表《正仓院考古记》之时，对麈尾的形制已经了然。近年来的文物与考古的报告、论文、著作中也多有提及。可是文献界与文物界有时脱节，1979年出版的《辞海》下册第4728页"麈尾"条的解说是："拂尘。魏晋人清谈时常执的一种拂子，用麈的尾毛制成。"

实际上，麈尾形如树叶，下部靠柄处则常为平直状，所谓"员（圆）上天形，平下地势"（陈代徐陵《麈尾铭》）；副以长毫，所谓"豪（毫）际起风流"（梁宣帝《咏麈尾》诗）。它有点像现代的羽扇，可不是扇。但是，麈尾绝不像拂尘，这是肯定的。拂尘的形制、用途与麈尾大不相同。

据说，麈是一种大鹿。麈与群鹿同行，麈尾摇动，可以指挥鹿群的行向。"麈尾"取义于此，盖有领袖群伦之义。魏晋六朝清谈家习用麈尾。善于清谈的大名士，才有执麈尾的资格。那是不能随便交与他人，特别是交与侍从代为掌握的。而"拂尘"，在我国魏晋以至隋唐时期，一般是侍女等人手执，是侍候主子时拿的东西。这是它们之间的本质区别。这点区别非常要紧，关系到人的身份。

东晋开国元勋、大名士王导有一篇《麈尾铭》："道无常贵，所适惟理。谁（《艺文类聚》作"勿"）谓质卑，御于君子。拂秽清暑，虚心以俟。"（见于《北堂书钞》卷一百三十四，《艺文类聚》卷六十九，《太平御览》卷七百〇三）麈尾本来的用途似乎是"拂秽清暑"，大约兼有拂尘、扇子的功用，可是，"御于君子"，经清谈名士手执以后，身价倍增。谁还敢说它"质卑"呢？所以陈代徐陵《麈尾铭》引申王导的话说："拂静尘暑，引饰妙词。谁云质贱，左右宜之。"

对清谈，一般人也有误解，认为不过是高谈玄理的闲聊天。实际不然。魏晋清谈是一种逐渐形成的正规的学术讨论。它的特点是：

1. 参加者必为"名士"。至少是准名士，具有名士默认其有候补资格者。

2. 有一定内容。早期有才性同异的讨论，所谓"四本论"。中晚期间及佛经。通贯整个清谈时期的主要内容是以老庄哲理为核心的某些命题，如"声无哀乐""三教同异""言尽意"之类。

3. 有一定辩论方式，主要采"主""客"问难方式。先由主提出一项讨论的内容并简单叙述自己的见解，称为竖义或立义。然后一客或数客问难。有点像现代的课堂讨论。也有自为主客的。此种方式虽不一定严格遵守，却是实有的。

4. 清谈时，主与客，特别是"竖义"的"主"，必执麈尾做道具，以助谈锋。《晋书》和《世说新语》记载，孙盛与殷浩谈论很久，端上饭来也顾不得吃，彼此大甩麈尾，尾毛都落在饭上，最后吃不成。《陈书·张讥传》记载，陈后主在钟山开善寺使清谈家张讥"竖义"（大约是竖的佛经中的义），取麈尾未至，临时找松枝代替。可见，麈尾是清谈必备工具，所谓"君子运之，探玄理微"（东晋许询《白麈尾铭》），有似乐队指挥的指挥棒。名士、清谈、麈尾，三者之间实有不可分割的关系。后世又称清谈为"麈谈",良有以焉。

现在,在我国国内,只能看到图像中所绘的麈尾。其中以"维摩变"中维摩诘居士手执的麈尾为最常见。

"维摩变"是南北朝以还首先中国化了的佛教画,据《维摩诘所说经》所绘。维摩诘(梵语Vimalakīrti的音译,意译"净名"等)简称"维摩",是毗耶离(梵语Vaiśālī的音译,又译作"吠舍离"等)城富有的、文化水平极高的居士,深通佛法。他以称病为由,与释迦牟尼派来问病的文殊师利(智慧第一的菩萨)论说佛法,"妙语"横生。维摩有清羸示病之容,又智辩过人,时出妙语,胜过出家的佛弟子,很受南北朝清谈名士的欢迎,把他看成同调。画面上的维摩,正是以清谈名士的风貌为模特儿的,所以总是画他手执麈尾。见于南北朝的,如云冈第一、二、七洞之维摩,均为五世纪产物;龙门宾阳洞中洞正面上部右面的维摩,时代约为六世纪初;还有,天龙山第三洞东壁南端的维摩,也是这一时代的产物,都很典型。

敦煌莫高窟内则更多,从南北朝到隋唐都有,约六十余壁。如莫高窟第276窟西壁隋代画维摩,第220窟东壁初唐画维摩,第103窟东壁盛唐画维摩,都可称代表作。这些维摩均手持麈尾,作答文殊问难论辩姿势。特别的是第334窟龛内南北壁初唐画维摩,麈尾是由充任"近事女"(高级和尚和居士的侍女）的天女代执，可算例外。初唐时，清谈的流风余韵已近消歇，有这种出格的画面配置也不足怪。中国伏地器物对佛教的影响，于麈尾可窥见一斑。儒释道高士均执麈尾，争当名士，于此等画面中可见端倪。

更典型的是图画中清谈名士所执的麈尾。传世唐代孙位《高逸图》，已经承名世先生考出，实为《竹林七贤图》残卷，其中所绘阮籍便手执麈尾。石刻《竹林七贤图》中的阮籍形象亦复如是。七贤以嵇、阮为首，看来阮籍执麈尾是有象征性的，也隐寓有竹林清谈领袖之意。此外，传世唐代阎立本《历代帝王图卷》中的孙权，也手执麈尾。从而又可看出，麈尾虽是清谈所用的名流雅器，但因它能显示一种高雅的领袖身份，所以，名士平时自然可以手执，另一些虽非名士但够某种领袖资格的人也可以拿。当然，从名士集团的角度看，多少算是通融，有点现代某些大学发"名誉博士"学位的味道。阎立本给孙权手里安上麈尾，大约就是出于这种设想。另据《晋书·石勒载记》，石勒出身贫苦，后来成为一方军阀。王浚是贵族名士出身，军阀中的老前辈，他派人远道送给石勒一柄麈尾。这是承认给予石勒一种新身份的表示。石勒把它挂在墙上，对之下拜，以示谦虚不敢当。可以与之对比的是云南昭通后海子霍承嗣（字"承嗣"，名残缺，有人考证是南中监军霍弋）墓中壁画，墓主执麈尾，显示出是西南地区老牌大军阀，所以不管他是不是名士，仗着长期担任高级官员的身份，就敢执麈尾。石勒刚占有地盘不久，地位尚未巩固，加之出身低微，别人祝贺他，他有自知之明，作出低姿态。可见麈尾在显示人的身份方面所起的作用了。

麈尾实物，日本正仓院现存数柄，是唐代之物，都很华丽。有镶牙漆木柄的，有镶玳瑁檀木柄的，显示出贵族用具的风貌。《晋书·王衍传》记载，大清谈家王衍常用的是白玉柄麈尾，他的手和玉柄同样白皙温润，有一种病态美，历来为名士所称道。《陈书·张讥传》记载，陈后主造了一个玉柄麈尾，认为当时配拿它的只有清谈家张讥，就把它赐给了张讥。这两则故事说明，华贵的麈尾在那时是很名贵的，极受重视。大名士王濛病重时，在灯下转动麈尾看来看去，长叹不已。王濛死后，另一大名士刘惔把犀麈尾纳入其棺中。麈尾与名士，真可谓生死与共。

二

必须说明的是，魏晋南北朝唐五代的麈尾的样式有多种。例如，传由梁简文帝萧纲创制的"麈尾扇"，近于老式样的简化，似是在纨扇上加鹿尾毛两小撮。孙机学长所写《诸葛亮拿的是"羽扇"吗？》一文中，载有七种麈尾样式的示意图。五代以前，麈尾的样式就是那样，与拂尘截然是两种东西。

敦煌壁画中，我们见到画得准确无误的麈尾，大致止于五代。如第九十八窟中所画维摩诘，第三十六窟中所画帝王，第一百四十六窟中所画舍利弗，均手执麈尾，都是五代时作品，说明当时的画工对麈尾的形制认识还是很清楚的。再看大足北山佛湾第一百三十七窟摩崖线刻的维摩诘，手上已经换了爪形长柄如意。此图刻于南宋绍兴四年（1134年），据说是摹刻大足惠因寺原藏北宋初著名画家石恪所绘的水墨画的。石恪是一位喜欢自作主张好变古出新的画家，可能此时麈尾已不流行，人们（包括石恪自己）看着眼生，而石恪又不愿意画自己不熟悉的器物，于是就拿当时尚在流行但已显出老式古物模样的长柄爪形如意（相对于云头如意而言）来代替它了。

五代以下，人们逐渐不再使用麈尾，导致后人慢慢地对它的形状淡忘了。可是，写作中还在用这个专有名词，如：

《谈薮》（署"瘦竹翁"撰，似为北宋人）中的"楼镛"条，有"僧取麈尾，敲阑干数声"的话。

《女红馀志》（元代龙辅女史撰）中的"香丸夫人"条，有"或初就枕，侍者执巾，若麈尾、如意，围绕未敢退……"的话。

这些所谓"麈尾"是什么样式呢？史树青先生在考证传为唐代阎立本所绘《萧翼赚兰亭图》时指出，该图似为北宋人手笔，内容似为老僧与居士对谈，画的是谁就很难说了。老僧手中所执应为麈尾，其样式却是一件近似短柄拂尘的器物。后来，明代的《三才图会》中所绘的麈尾，就是与之类似的东西。万历年间出版的剧本《樱桃梦》中"清谈"的插图（钱谷绘），长者所执麈尾也是这种器物。它与常规的拂尘之区别大概在于：传统的拂尘是细长柄，束毛圈也相对地小，毛较长；而作为拂尘的一个新支派的新型麈尾，柄部短粗，而且往往柄尾略呈圆尖形状，束毛圈相对地大些，用的毛较短。我们想，这是由于后代人想象麈尾一定是有"尾"的，再加上能挥动，于是就把它归入拂尘一类，创制出一种新型的与原来的真正的麈尾名同实异的麈尾来。

起码在明清两代，这种新型麈尾相当流行，因其看来确实属于拂尘的一个新品种，所以人们也管它叫拂尘。

《金瓶梅》和其他明代盛行的色情小说中，常用麈柄或玉麈隐喻男性生殖器，看来二者确实有相似之处——如果把这种新型麈尾柄尾竖起来看的话：上有毛，中有似睾丸之束毛圈，下有似阳具之麈柄。可见这种新型的麈尾在当时是很流行的了。

这也使我们能读懂了《红楼梦》第三十六回中的一段：

> 宝玉在床上睡着了，袭人坐在身旁，手里做针线，旁边放着一柄白犀麈。宝钗走近前来，悄悄地笑道：

> "……还拿蝇帚子赶什么？"……宝钗坐在身旁做针线，旁边放着蝇帚子。

这里明确地说明，"白犀麈"就是"蝇帚子"（拂尘的俗称）。

再看《红楼梦》第四十回中的一段：

> 贾母素日吃饭，皆有小丫鬟在旁边，拿着漱盂、麈尾、巾帕之物，如今鸳鸯是不当这差的了。今日鸳鸯偏接过麈尾来拂着。

这一段可以和下面所引的《红楼梦》第三回中的一段作比较：

> 贾母正面榻上独坐……旁边丫鬟执着拂尘、漱盂、巾帕。

以上所引两段，正好对比说明，麈尾就是一种拂尘，也就是前引第三十六回中所说的蝇帚子。

当然，通过上述，我们已经明确了：南北朝至五代时人们所认识和使用的麈尾，和至少是在明清两代流行的麈尾，是名同实异的两种器物。导致这种演化的，可能是后代人没有见过真正的麈尾，闻其名而错误地创制之故。

话"法轮"

一

通过佛经汉译传到中国来的，折射出古代南亚次大陆历史情貌的神话传说中，有一系列的关于轮宝、七宝和转轮圣王的故事。

轮，是梵文cakra的意译，指的是车轮，进而特指表示战车，并成为王者统率的武装部队的象征，成为这种武力无坚不摧的象征。作为一种象征物，它特称为"轮宝"。轮宝，是梵语Cakra-ratna的意译。它成为古代南亚次大陆帝王的一种标识。

在释迦牟尼佛诞生前后，古代南亚次大陆有许多大大小小的"国家"。它们有的不相统属，有的则有点宗主和属国的关系。例如，释迦牟尼佛的祖国迦毗罗卫（梵语Kapila-vastu的音译），就是一个小国，受邻国憍萨罗（梵语Kauśala的音译）的欺凌，有点沦为保护国的意思。佛陀出家后，憍萨罗国索性把迦毗罗卫国给灭了。当时，在古代南亚次大陆的北方地区，像憍萨罗国这样的"大国"有二十个。估计，那时的各大国帝王大多跃跃欲试，想要吞并别国，进而统一天下。他们幻想自己能掌握强大的武装部队，无穷无尽的财富。老百姓则当然厌倦战乱，渴望和平统一。一种混合有各种各样人的愿望的七宝和转轮圣王的神话传说，也就逐渐产生了。

根据汉译佛经中的《杂阿含经》卷二十七，《起世经》卷二中的"转轮圣王品"，《中阿含经》卷十一、卷十四、卷十五（《转轮王经》等），《长阿含经》卷七、卷十八（《转轮圣王修行经》等），《大楼炭经》卷一中的"转轮王品"，《轮王七宝经》，《大宝积经》卷五十九、卷七十五、卷七十六，《菩萨璎珞本业经》卷上，还有《大智度论》卷四、卷二十四、卷二十五、卷八十二，以及《大唐西域记》卷一等佛教资料记载，综合起来表述，有关轮宝和转轮圣王的故事传说大致上是这样的：

转轮圣王是能统治世界的帝王。他拥有"七宝"。"七宝"是梵语sapta ratnāni的意译，指的是七种国宝，它们是：

轮宝，这是一个大车轮形状的宝贝，直径合当时尺度一丈四尺，有一千个轮辐（车条）。转轮王叫它往哪儿滚动，它就往哪儿滚动。滚动到某个地方，那里的人，从帝王到老百姓就一律投降归附。它是会突然显现的一种宝，阴历十五月满时，转轮王沐浴香汤，到高殿上，和宫娥彩女"共相娱乐"时，它才"忽现在前"，"其光色具足，天金所成，天匠所造，非世所有"。它显然居七宝之首，有了它，才能成为转轮圣王。

象宝，这是一头六牙白象（头部长着各种"杂色"的毛），能够飞行。乘坐它，"清旦出城，周行四海，食时已还"。

马宝，这是一匹绀青色毛、朱鬃尾、能飞行的马。乘坐它的效果与象宝相同。

珠宝，夜间能发光，"光明照一由旬"。由旬是梵语yojana的音译，意译是"一程"，即大致相当公牛挂轭行走一日的旅程，也是帝王出巡一日的行程，计算方式有多种，笔者认为，大致二十公里左右。这是古代人渴望明亮的照明器的愿望的明确反映，各民族都有这样的想望。

女宝，又称玉女宝，据说她又漂亮又端正："颜色溶溶，面貌端正。不长不短，不粗不细，不白不黑，不刚不柔。冬则身温，夏则身凉。举身毛孔出旃檀香，口出优钵罗花香。言语柔濡，举动安详。先起后坐，不失宜则。"捎带

213

说句闲话：我国古代宋玉《登徒子好色赋》中对"东家之子"的描绘，与此有异曲同工之妙。

主藏宝，又称居士宝。附带说一句：古代南亚次大陆早期佛教的居士，大多是有钱有势的。据说这位主藏宝："宿福眼（因前生积聚的福德而生的眼睛）能彻视地中伏藏。有主无主，皆悉见知。其有主者，能为拥护；其无主者，取给王用。"而且在转轮圣王考察他的收支能力时，他能把金银财宝随手拿出来，又随手放回去，存取两便。

主兵宝，又称主兵臣宝，或称将军。其特点是，有勇有谋，所向无敌，而且对转轮圣王极为忠诚，不会拥兵自重，更不会造反。

附带说一下：古代南亚次大陆的陆军兵种，据佛经与相关资料记载，分成车、马、象、兵（步兵）四种，简称"四兵"。这种实有的多兵种联合作战组合折射到天上，连帝释天和阿修罗的部队，也是由"四兵"组成的。

以上七宝，是古代南亚次大陆的帝王和政治家等对政府组成的理想化模式的想望。附带说几句：转轮圣王、七宝和四兵，似乎给国际象棋的棋子组合带来不小的影响，就是中国象棋，恐怕也间接受到影响呢！

按照征服世界的能力，转轮圣王还可分成金、银、铜、铁四级。

原来，古代南亚次大陆的人，按照他们的世界观和地理概念，认为须弥山是世界的中心。在此山四方的咸海中，有四大块土地，称为四大部洲：东胜神洲、南赡部洲、西牛贺洲、北俱卢洲。根据《阿毗达磨大毗婆沙论》卷三十、《阿毗达磨俱舍论》卷十二、《众许摩诃帝经》卷一和《瑜伽师地论》卷四中所载，可以综合表述为：

金轮王能做四洲之王。他不必出巡，各地各小国的国王来迎接，全心全意地立即归附。他掌握的金轮宝，"其量正等四俱卢舍"。也就是说，金轮宝的真径有四个俱卢舍的范围那样宽广。俱卢舍是梵语krośa的音译，大略指一头牛的叫声或鼓声能被人听到的距离，换算法有多种，一种算法是相当于古代南亚次大陆的三千六百尺，四俱卢舍可就等于一万四千四百尺了。这就比前面我们说过的一丈四尺大多了。读者万勿认真，"姑妄言之姑妄听之"可也。

银轮王可就得降一级了。他只能做三洲之主。他得出巡，"威严近至，彼方臣伏"。银轮宝有三俱卢舍那么大。

铜轮王能做二洲之主。他更得出巡，"至彼国已，宣威竞德，彼方推胜"。铜轮宝有二俱卢舍那么大。

铁轮王呢？"亦至彼国，现威列阵，克胜便止。"铁轮宝有一俱卢舍那么大。顺便说几句：佛教徒认为他们的大护法，孔雀王朝的阿育王够铁轮王的资格。谁有资格当前三级的轮王，没有明确说过。可见，他们说话还不敢太过头。笔者以为，佛经经文说："一切轮王皆无伤害，令伏，得胜已，各安其所。"按这样的要求，阿育王早年大杀大砍，才能开拓疆土。他的王国疆域也到不了一个"洲"。抬举他为铁轮王，十分勉强。可是，中国人变本加厉，竟然把武则天抬高为"金轮皇帝"，也未免太离谱了。

以上这些故事传说，都与佛教的"法轮"的产生有密切关联，所以不嫌辞费，唠叨得多了几句。读者以"豆棚瓜架"之下的闲谈待之可也，万勿当真。

二

根据"佛传"，释迦牟尼佛出家前是迦毗罗卫国的王子。据说，他出生后不久，就有预言家说，他不做转轮圣王，就要做法王。这个预言，前半部分实际上反映了一个受欺辱的、濒临亡国危难的小国统治者对接班人的殷切期待，后半部分则极可能是在释迦牟尼成佛后才形成的。释迦牟尼出家的原因大约很复杂，后来人可能永远搞不清楚。笔者妄言：释迦牟尼是一位非常聪明睿智，并被培养成文武全才的人。他面临祖国危亡的形势和国力弱小的现实，他不可能不知道当转轮圣王是达不到的一种梦想。他又接触到当时许多反婆罗门教的各种教派的学说，希望凭借对宗教教义的探索，找到一条新路来总的解决问题。

释迦牟尼经过多年的修行思考，终于在菩提树下大彻大悟，成佛了。按佛传中的八件大事即"八相成道"的顺序，大小乘佛教均将释迦牟尼佛"成道"排在第六相。佛成道后，自然想到传道。于是他到鹿野苑去，寻找原先他父亲派来追随他一起修道的五个人，向他们说法。说的是佛教的基本教义，后来的佛教徒把阐明佛陀教义的著述称为"大法"。大法是个由翻译产生的佛教专名词，是梵语abhidharma的意译之一，意译又译作对法、无比法、向法、胜法等，音译有"阿毗达磨、阿毗昙"等，最通行的是意译"论"。它特指佛教大藏经中"经、律、论"三部分的"论"。"经"是释迦牟尼佛说的教义理论，律是释迦牟尼佛说的清规戒律，"论"则是后来的佛教徒阐明佛法的对经、律二藏的论述，也特指释迦牟尼佛说的"可尊可赞的最究竟法"，即佛说的基本教义。它具有特指性质，是不能移用作别的解释的。

释迦牟尼佛在鹿野苑对那五位追随他的人宣讲自己悟出的教义，那五位就归依释迦牟尼佛，成了最早的僧人。从此，佛教具足了佛、法、僧"三宝"。这次说法，称为"初转法轮"，此后佛不断说法，佛涅槃后的佛教徒一代又一代地继续说法，称为"法轮常转"。佛陀在初转法轮后一生中的说法，是为八相成道中第七相。

把佛教徒讲说佛法称为"转法轮"，是一种象征性的比喻。综合相关的佛经中的讲述（经律论的书名和卷数就不再列举了),这个比喻主要有如下意义:(1)象征解说佛法能"摧破"众生的罪恶,犹如转轮王的轮宝能碾碎一切阻挡它的东西。(2)象征解说佛法永远不停滞,犹如车轮不住地辗转向前。(3)象征所说的佛法圆满无缺,犹如车轮。释迦牟尼佛在世时,曾经指示不许给自己立像,也就是不许进行偶像崇拜。释迦佛涅槃(涅槃是八相成道中第八相,亦即最后一相)之后,在一段时期内,佛教徒还遵守着不立像的遗教。可是总得膜拜点什么呀,于是想出多种办法,雕刻出佛的大手、大脚印来膜拜,是一类办法。为了象征佛在大地上传布教义,就把法轮雕刻在脚印上。手心上也刻,象征佛举手以示说法。这种法轮也像转轮王的轮宝一样,应该有一千个车条,称为"千辐轮"。事实上往往刻不了那么多,常见的是刻八根,或八根粗的八根细的,用意大约是象征佛说的"八正道"。后来佛教改革了,发展到可以并且大量地雕刻绘制各种各样的"尊像"。"千辐轮相"作为佛的"三十二相"(身上带有的三十二种明显特征)之一,在雕刻和绘制时容许的可能条件下(如体量大,卧佛能露脚心,说法立佛能张开手心等),就在脚心、手心上表现出来。据说,为了表现佛在说法,在佛的牙齿上也应有法轮。可是露齿的佛像极少,这一点也就表现不出来了。现在全世界佛教教会的共同会徽也用象征性的法轮,上面有象征性的八根轮辐。

附带说一下：当代印度的国旗上也有一个轮，上有十四根轮辐。印度本地的佛教早已很不兴盛，他们不会用法轮作象征的。他们想必是借鉴了佛教产生前早已流行的"轮宝"的传说，并赋予新的意义。

由上述可以看出，法轮是佛教说法的象征，带有特指性，不可移作别用。后代有些人借法轮为名搞不符合佛法的事，则是应予批判的。

中国小说家大约从法轮得到了启发，创造出哪吒的风火轮来，那可是大胆想象的新创造。

三

中国小说中处理佛教诸尊形象及其持物、法宝等，如哪吒之风火轮，确实是神来之笔，让人看不出其来龙，那才显出确实是高！去脉却是在红孩儿身上，依样画葫芦，有点低了。这是特例。

一般说来，中国小说中对上述形象、法宝等等的描绘，持以与佛教经典中的记述相比较，常常似是而非。可以看看小说中对舍利、七宝妙树等的运用。

先说真正的舍利。

舍利是梵语śarīra的较为简缩的汉语音译，另一简缩音译是"实利"，全音译是"设利罗"或"室利罗"。原意指遗体，即人的尸体。从佛教的观点看，含有"易坏（容易被破坏）"（梵语动词śr，意为"破坏"，是śarīra的组词成分）之意蕴。还有一个梵语词语dhātu，音译"驮都"，则是指焚化后尸骨的残余。古代南亚次大陆称火化遗体为"荼毗"，乃巴利语jhāpita的音译，又译作"阇维"等，这个词语在汉化佛教中成为僧人专用，意译"送往生"。俗人及其他教派不可这么说，只说"火葬"就是了。且说，僧人荼毗后，遗体变成许多碎末与碎片——也就是碎骨状的遗骨，梵语称为dhātuyo，即驮都的复数格。按说，应以"驮都"称此种遗骨，但是，佛教以舍利统括此二者，称舍利为全身舍利；称驮都为碎身舍利。另有一说，是把遗骨全部收入一座塔内者，称此骨殖为全身舍利；分置多处者，称为碎身舍利。总之，舍利逐渐成为对火化后碎骨的称呼了。

"塔"是梵语stūpa的简缩音译，又译作"塔婆""浮图""浮屠"等；全音译有"窣堵波""窣睹婆"等。它本是古代南亚次大陆的一种高坟，标准样式像个大馒头，上面竖着一个旗杆形状的标志。塔的出现，远早于佛教的创建。佛教徒依照本地传统，建塔安置佛祖舍利，后来发展到安置佛的声闻弟子，再进一步普及到后世的高僧。从佛教观点看，藏有佛祖和佛弟子、高僧等位舍利的塔就具有神圣性质了。

塔传到中国，一则，从造型上看，经过中国式脱胎换骨大改造，已经与发源地原型大不相同，形成多样化的建筑造型，并影响了世界上所有的后来的塔。二则，从用途上看，佛教徒在塔院（僧人的坟地）中还作为安葬僧人遗骨用，但已经有专门的藏经塔。俗人又发展出脱离佛教的文风塔（为本地改造景观风水，出状元进士举人而设）、料敌塔，等等，早已脱离本根了。

七宝妙树，则特指《阿弥陀经》等经文中所说的，极乐世界中的由七种宝物构成的宝树。

因为佛教经典中原有北方天王托塔的传说，中国小说中就借来给他的中国化身李靖使用。也有别人拿塔当法宝的，如前述有金灵圣母用四象塔。至于舍利子与七宝妙树，小说家还不敢给佛教以外的神仙使用，算是佛教专利。如《封神演义》第八十三至八十四回，破万仙阵之时，西方教主"泥丸宫舍利子升起三颗，或上或下，反复翻腾，遍地俱是金光"。准提"将七宝妙树一刷，把通天教主手中剑打得粉碎"。这倒都是标志性法宝，别的教派不好借用的。可是，莲花虽是佛教的标志性法物，后来皈依西方的"三大士"等也用。甚至大儒也写出《爱莲说》来，实为脱胎换骨之作，但须知其本源是在佛教经典之中也。

佛门弟子

佛教，特别是汉传佛教，是有严密组织与纪律的宗教团体。佛教信徒按所受戒律多少、宽严程度之不同和男女之别，被区划为三个半层次七种类型，称为"七众"。严格地说，凡未履行过某种受戒手续而只是口头声称信佛的人，都不算真正的佛门弟子。

七众是：

比丘，梵语Bhiksu的音译。意译"乞士""乞士男"，这是因为有的译者认为，原始佛教比丘托钵乞食，此词系从梵语bhiks（意为"求乞"）生发；又意译为"除士""破烦恼"，这是有的译者认为，此词系从梵语bhinna-kleśa（意为"破除烦恼者"）转来；还有译为"薰士""怖魔"的，恐怕是从亲近我佛着眼。音译又作"苾刍"，等等。指的是正式出家并受过"具足戒"的男性僧人，须在十八岁以上。一般人称之为"和尚"。"和尚"一词的语源未有定论，可能是古代"西域"某种语言的词语之音译；又有认为是梵语upādhyāya的俗语形简略音译的。其全译为"邬波驮耶"等，意译"亲教师"等。注意：一般人称呼比丘为"和尚"，称年老的比丘为"老和尚"，均未为不可。但"大和尚"系当代一部分人对寺院中现为或曾为方丈者的特定尊称。凡是没有当过方丈的，不宜用此称呼。此外，日本佛教则在本身发展中制定"僧位"，其中有"大和尚位"，获此称号者称为"大和尚"，如鉴真就获此位，常被称为"唐大和尚"。

可是，当代一般人称比丘为"和尚"，总使人有称"你"不称"您"的非尊称意味。管年轻的和尚或沙弥叫"小和尚"，更有点近于无礼。笔者的变通办法是，一律称为"法师"。对岁数大的则称"老法师"。但须注意者，一是，在当代汉传佛教中，佛学院毕业者方可称法师。可是此前，即如解放前，僧伽教育并未普及，正式佛学院稀少，大家对有学识的僧人尊称法师不为过；所以，笔者至今采用此种模糊性称呼。不过，中国的佛教教育越来越普及，对"法师"的称呼当然会越来越定格化；二是，称"老法师"尚可，称"大法师"则常被认为戏谑，因为，道教方有"大法师"之称，不宜混淆。称"小法师"更属不宜。

比丘尼，梵语bhikṣunī的音译，又译作"苾刍尼"，

"尼"是梵语表示"女性"的音尾。有人加上汉语"姑"字，称为"尼姑"，佛门中人颇不以为然，认为不敬。管年轻的比丘尼和沙弥尼叫"小尼姑"更属大不敬。那是阿Q之类人物的口头禅，乃鲁迅神来之笔，建议咱们千万别叫。笔者还是用模糊法，不论比丘、比丘尼，一律称为"法师"，岁数大的称"老法师"便是。意译有"乞士女""除女""薰女"等。比丘尼是受过具足戒的女性出家人。一般须在二十岁以上。

比丘和比丘尼合称"二众"，是第一个层次即最高级别的出家人。二众是正规的出家人。汉化佛教内部，常称比丘为"大僧"，称比丘尼为"二僧"。比丘和比丘尼均须受具足戒，即接受全部的、完整的清规戒律。汉化佛教采用"四分律"，比丘受二百五十戒，比丘尼受三百四十八戒。

沙弥是梵语śramaṇera的音译，意译"勤策男"。寺院中，一般只接受年在七岁以上，有些自我控制能力且无残疾的少年人。在农禅并重的汉化佛教寺院中，常把能够胜任在晒谷子的场院中驱赶小鸟作为一种审核标准，因为做好这样的工作，就能证明专心所事，并且仁慈（只驱赶而不伤害鸟类）。这些人加入寺院僧伽团体时，需拜一位比丘（沙弥尼则可拜比丘尼）为师，并受"三皈""五戒"以至"十戒"。到了十八岁至二十岁之间的年纪，如信心坚定，就必须受具足戒，成为比丘了。

沙弥尼是梵语śramanerikā的音译，意译"勤策女"。进入僧人团体的条件与沙弥相同。但在满十八岁后，如志向坚定，要求作比丘尼，则要接受约两年的考察，在此期间受"六法戒"。对此种女性，梵语称之为śiksamānā，音译"式叉摩那"，意译"学戒女"。沙弥和沙弥尼算第二个层次，与"二众"可合称"出家四众"，简称"四众"。学戒女可以算作半个层次，加上去算是"五众"。全部出家人由这五种人构成，合称"出家五众"。但一般常略去式叉摩那这半个层次，只说"出家四众"。但"二众"才是正规的出家人，沙弥、沙弥尼、式叉摩那只是处于预备期的青少年，依附于二众而不能独立的。

优婆塞是梵语upāsaka的音译，最后的"a"是阳性语尾。优婆夷是梵语upāsikā的音译，最后的"ā"是阴性语尾，有译作"优婆私"的，以其在汉语中容易引起不好的联想，一般摒弃不用。意译，则优婆塞译作"清信士""近事男"等；优婆夷译作"近事女""清信女"等。二者合称"在家二众"，属于不出家的佛门弟子。至于"居士"一词，古代汉语中早有此词，用来称呼有德有才的隐居不仕（至少是未仕）者，与"处士"义近。佛经翻译中借用来翻译梵语grha-patig一词，梵语原意为"主人，一家之主"，多指有钱的工商业主，原始佛教建立时很得到这样的人的大力资助，所以佛经中对之颇为赞美。例如，有德有才的大富豪维摩诘,深通佛法,佛经中称之为"维摩居士"。他的身份特殊,按佛经中原意,不是每一位优婆塞都能算居士的。佛经中的居士大多为优婆塞,但其原意可是泛指有钱的"一家之主",其产生早于佛教,早期并无"优婆塞"之意。大约在中世,例如宋代,有权有势的道士也称居士。后来,大约在近世,如清代,出家的僧人和道士经常称在家的有点文化与地位的人为"居士",这是一种模糊性的尊称,不管对方是否有信仰,都可以如此称呼。后来,到了现当代,使用更为宽泛,凡是被认为与佛教有点因缘的,不管是不是优婆塞、优婆夷,均可以居士称之。但须注意:严格地说,居士不等于优婆塞、优婆夷。可是,一般人往往将他们等同,这是不准确的。优婆塞、优婆夷与上述的五众合称"七众",全部正规化的佛门弟子就是这"七众"。他们都需履行一定的手续才算合格。

要履行什么手续以及如何履行呢?总括地说,就是要受戒,并按受戒的多少深浅划分层次。

凡入佛门者,必须先行"三皈依",简称"三皈"。这个词语,是梵语tri-śaraṇa-gamana的意译。它是入佛门的第一信条,以此亦称"三皈戒"。作法是,先找到一位接受自己入佛门的僧人作"本师",由本师引导;在佛前皈依佛,以佛为师;皈依法,以法为药;皈依僧,以僧为友。

接着,马上受"五戒",这是七众的基本戒律,必须严格遵守的。五戒是：不杀生；不偷盗；不邪淫（在家人不乱搞夫妻以外的男女关系，出家人断绝一切男女关系）；不妄言（特别是不能说不利于佛教的话）；不饮酒。简称"杀，盗，淫，妄，酒"。在家二众受罢三皈五戒，就可称优婆塞、优婆夷。五戒的反面是"五恶"，出家人绝不能犯戒，在家人犯戒后须深深在僧人督导下面佛忏悔。

出家五众所受最基本最起码的戒条是"十戒"，即在五戒外再加上五条：不涂饰香鬘；不自作亦不视听歌舞（因此，五众是不看电视中此种镜头的，看"新闻联播"等节目时，遇之则闭目）；不坐高广大床；不非时食（即过午不食。汉传佛教农禅并重，要劳动，非吃饭不可。折中办法是把饭打到自己房中去吃，或在房中自行起伙，称为"药食"，意思是"病号饭"）；不畜财物。十戒，五众均须洁持。优婆塞、优婆夷则应于一定时期（严格的规定是一个月起码一天即二十四小时）在寺院中短期修持，则可持"八关斋戒"，即在十戒中除去"不畜财物"那一戒，而把"不非时食"作为"斋"，其余"八戒"作为"戒"，合称"八关斋戒"。此戒必须在寺院中僧人督导下洁持，日期起码一天，多则不限。《西游记》中称猪悟能为猪八戒，盖喻其有短期出家之意，时动还俗之念也。

式叉摩那须洁持的"六法戒"，乃是五戒加不非时食戒。在其"预备期"内，要经寺院中比丘尼严格考查。

设立法坛、戒坛，为七众传授戒法，称为传戒，亦称放戒。就求法者来说，则称为受戒、纳戒、进戒。近现代寺院传戒都是连受三坛，故称三坛传戒。一般在春秋佳日举行，先期集合于传戒寺院或附近寺院内，学习戒律内容，演习受戒仪式，起码十几天。传戒时，先传初坛十戒，于法堂或大殿举行，鸣钟聚众，由传戒法师讲说十戒的意义与内涵，最后一个戒一个戒地向受戒者提问："尽形寿能持否（一生中能不能奉行）？"受戒者回答："依教奉行！"仅仅说"能"也行。传十戒时须落发。沙弥、沙弥尼实际上进寺院时已经受过十戒，此时还得再受一次，但可不当堂落发，而是在二坛举行前找时候剃一次头。俗人出家如鲁智深，则需当堂落发。但在现代只是个仪式，即由师傅用剃刀在头上比划一下，象征如释迦牟尼佛为弟子落发那样，须发自落。实际上还是事后再剃。行此礼时比丘必须刮去胡须，此后是否留须听便，这一点是汉传佛教特许的，所谓"剪发除烦恼，留须表丈夫"者是也。但无有经典依据。

近现代一般传戒均连受三坛。初坛过后不久即传二坛具足戒，系传戒重点，最为隆重。

具足戒是梵语upasampad的意译，简称"具戒"，别称"大戒"。比丘与比丘尼必受此戒。汉传佛教中，比丘所受具足戒有二百五十戒条，比丘尼有三百四十八戒条。一般说来，年不满二十岁者不得受具足戒，式叉摩那经考察二年后方可受此戒。但往往有不及二十岁的沙弥、沙弥尼也就跟着大伙儿在一次"三坛传戒"法事中一起受戒了。笔者以为，这是权宜之计，因为开坛需有传统的大寺院才具备资格，一年一次，最多也就两次。机会难得。

受具足戒后即成为比丘、比丘尼。受戒时必须具足一切条件，故称具足戒，简称"受具"。主要条件有二：

一是要在戒坛传戒。戒坛设于专门为此建立的"戒坛殿"正中，三层。此殿常为正方形大殿，单独设立在一个院子里。院门处建一间自己的"山门殿"，以示由此入空门得解脱。殿中只供奉"优波离"像一尊。他是释迦牟尼佛在俗时的理鬓师，出家后为释尊十大弟子之一，严持戒律，号称"持律第一"。释尊涅槃后第一次"结集"（编纂佛经）时，他首诵律藏，故殿中供奉他。传二坛戒时在坛上设三张长桌，"U"字形排列。桌子后面，正面立释尊像。

二是一定的监察僧人，一般为十人。上首正面长桌后座椅三张，中间坐的是"衣钵传灯本坛阿阇梨"，即受戒的主师。阿阇梨是梵语 ācārya 的音译，意译"轨范师"。他的左边坐"羯磨阿阇梨"。羯磨是梵语 kárman 的音译，指的是佛教的各种仪式作法，这位阿阇梨是传授这些事的。右边坐"教授阿阇梨"，传授佛教生活规范的事。

三师缺一不可。七证是七位证明人，多或少一两位不要紧。他们是"尊证阿阇梨"，即证明人。他们坐在两侧的长桌后。二坛传戒上坛前、中、后手续繁杂，非此文可罄，请俟诸异日再行汇报。

三坛传"菩萨戒"，受戒人数最多，于大殿甚至延伸到大殿前丹墀举行。菩萨戒专为欲修行大乘佛法者传授。有"出家菩萨戒"，授与比丘、比丘尼；"在家菩萨戒"，授与优婆塞、优婆夷。这是三坛戒中优婆塞、优婆夷唯一能参加的受戒仪式。内涵与手续也很复杂，容他日汇报。

受戒已毕，各归其位。在佛门弟子中属于哪一个层次，就算初步定局。在家人如要进一步出家，申请便是，批不批准另说。出家人如果想还俗，非常简便，只需向另一位僧人声明，然后走出寺院就行了。以后再想出家，再行申请，批不批准呢？考查当然相对严格啦！

前面说过，优婆塞、优婆夷不等同于居士、居士女（或说"女居士"，一般忽略性别，只说居士就行）。可是佛教内外对此分界早已混淆。明代朱时恩编辑《居士分灯录》二卷，清代彭际清编纂《居士传》五十六卷，而今在家信士的集会场所号称"居士林"，都是明显的例证。因此，当代称人为居士，也就是认为他是佛教信徒了。姑且把居士当成优婆塞、优婆夷的同义词，那么，我们应当注意到：

一种人是履行过起码的"三皈五戒"手续的，那就是居士了。如果参加过八关斋戒，受过在家菩萨戒，更是当之无愧的居士。对古代的佛教居士，虽然无法一一调查核实，但有的人一生参加佛教活动频繁，对佛教颇有建树，就是居士。如白居易、苏轼便是。至于李白自号青莲居士，李清照自号易安居士，由于他们出入三教，唐宋道士亦有称居士的，深究起来比较麻烦。明清时代以至近代，许多人从小就有在寺院或道观中"寄名"之习，即由家长代为挂号于寺院中，取个法名求得保佑，当然也就算受过三皈五戒了。因而长大了自称居士，亦无不可。但若在其年谱中或别处无有记载，单凭自号某某居士，从佛教宽大为怀的教义看，那就只可信其有了。唐寅、文征明、蒲松龄等人的居士自号，均可作如是观。总之，要活看，不可执着。

笔者有时写点与佛教相关的文章，并将之编成几本小册子。我还时常出入寺院，有时给寺院小小办点文墨事情，有人就称我为居士。但是，我极为惭愧的是，没有受过最起码的三皈五戒，不是优婆塞，不敢冒充。我不是居士。

僧人姓"释"

汉化佛教的僧人，现在都姓"释"。

佛教的创始人是释迦牟尼。这是对他的一种尊称，是从梵文音译过来的。"释迦"是古代南亚次大陆一个种族名称的音译，意译则可以译为"能"。"牟尼"也是音译，意译可以译作"仁"，其涵义大致与汉语中的"圣人"相似。"能仁寺"，就是"释迦牟尼之寺"。释迦牟尼，就是"释迦族的圣人"。这是信奉他的佛教徒对他的一种尊称。他的族姓（大致相当于中国古代姓氏中的"姓"）音译则是"乔答摩"，名叫"悉达多"。在他尚未成佛时，就常被称作"悉达多"或"悉达多太子"，成佛后就不用了。汉译佛典中常简称他为"释尊"。

从古代到现代，南亚次大陆都有不同信仰的许多教派。

这些修行的出家人都叫"沙门"（音译）。为区别于其他沙门，早期的汉译佛典中也简单地译称佛教徒为"沙门释子"，再简称"释子"。注意：汉译佛教经典中，有时也把释迦族尚未出家的青年人（这些人后来多半都出家了）译成"释子"，其原意则是"释迦族的青年人"。对这两个字面相同、涵义有别的词语，在阅读汉文经典时，要根据上下文注意区别。

释迦牟尼佛并没有给他的亲传弟子们另外起法名，就沿用他们原来的名字。如汉译佛典中的阿难陀（简称阿难，意译"庆喜"）、须菩提（意译"善吉"）、阿那律（意译"如意"）等都是。而且往往光呼名不道姓。以上例举的三个都是名。这是那里的习惯，这样称呼还可显出自己人的亲切。从而看出，古代南亚次大陆的人，在称呼时重名而不重姓。

佛法东传，汉地的人按照本民族的习惯办事，是很看重姓氏的。僧人一定要有个姓氏。早期大体上是用以下两种四个办法来解决僧人的姓氏问题：

一、汉族本地的出家人，用两个办法：

1. 仍沿用原来的姓名，如朱士行。

2. 跟师傅的姓，如于法兰的弟子姓名为于法开、于道邃等。

二、往往给外族来华僧人起个简化的音译汉姓。一般采用以下的两个办法中之一：

1. 从哪个国度或地区来的，就取那里的音译中一字为姓。如，大体上是从南亚次大陆地区来的，就取音译"天竺"中的"竺"字为姓，竺法兰、竺佛朗等就是；从月支来的，就以支字为姓，支谦、支娄迦谶等就是；从康居来的，就以康为姓，康僧会就是；从安息来的，就以安为姓，安世高就是。

2. 以"佛、法、僧"三宝为姓。以佛为姓的，佛驮跋陀罗、佛图澄等就是；以法为姓的，常用那时音译"佛法"的"昙摩"或者"昙无"为姓，昙摩流支、昙无竭等就是；以僧为姓的，常用音译"僧伽"二字，僧伽跋摩、僧伽达多等就是。

东晋时佛教的僧人领袖道安，在俗时姓卫，出家后随师傅姓竺。他是一位注意建立僧团组织和派遣弟子四出传道的大师，在多年的传教实践中，他逐渐感觉到统一僧伽内中外僧人姓氏的必要性。统一了姓氏，天下僧人就明显地是同一信仰的一家人了，对促进佛教作为一个统一的组织在全国发展是很有好处的。

道安根据自己对当时已经译出的佛经的理解，以对"沙门释子"的解析为依据，建议统一以"释"为姓。由于他的崇高威望，这种建议很快地被许多僧人接受。他逝世后，从后来新译出的佛经中，竟然发现释迦牟尼佛说过类似的话，于是大家更加钦佩他的先见之明，僧人姓"释"，在汉化佛教中就是板上钉钉的事啦。

由于汉化佛教的僧人从此都姓释，所以在日常称呼和行文中反倒略去姓而不用。例如，在许多人名辞典中，对俗家人必然冠姓，可是对僧人就只按法名著录了，因为这样作更方便啊。补充说一下，僧人出家后取个正式的法名，从此和在俗时的姓氏就算一刀两断。以后还可仿效俗家，起些字号，那是悉听自便的事了。这也是汉化佛教很早就大力推行，并成为定例的。例如弘一法师，在俗时姓李，别署名号有几十个，书刊中一般称他常用的字"叔同"；出家时取法名演音，号弘一，别署近二百，书刊中常用者为"弘一"。

"儒童"和"儒童菩萨"

一

"儒童"这个专名词，似乎是后汉三国时期佛教翻译家翻译佛经时以意译方式创造的。它的梵语词是mānava，音译作"摩纳婆""摩那婆"；或是此词的变格mānavaka，音译作"摩纳缚迦"。简略的音译则是"摩纳"。这个词的意译又译作"少年""仁童子""净持""年少""年少净行"等。

另有一个梵语词mānava，也音译作"摩纳婆"的，意译常作"胜我"。这个词是早期印度教中的毗纽天派用来指灵魂所在的专名词，意为"以我为身，心中最为殊胜"的一种认识。这个词与上述的那个"摩纳婆"在梵语中读音相近，在音译中用字相同,很容易混淆。个别译经者也有把它们混淆使用的时候。

我们且先看一看古代中国僧人的解释:

八、摩纳婆,此云"儒童",谓"计有我人",为少年有学之者。此名依一声中但呼一人;若呼多人多声中呼,应云"摩纳婆缚迦"也。

(《大方广佛华严经疏》卷第二十二,唐·澄观撰)

"摩纳缚迦"者,此云"儒童",或云"多年少"。此等是神之异名,"盛年自在意高下"故,昔云"摩纳略"也。

(《瑜伽论记》卷第二十二上,唐·遁伦集撰)

四、摩纳缚迦,"依止于意而高下"故。若总释义:此名"儒童"。儒,美好义;童,少年义。美好少年名曰儒童。

论依别释:"摩纳"是"高"义,高慢他故;"缚迦"是"下"义,卑下他故。以依止意,或陵慢他,或卑下他,名"摩纳缚迦"。

(《成唯识论掌中枢要记》卷上,唐·窥基撰,智周述)

按，古代南亚次大陆婆罗门（brāhmana）一生中分四个时期度过，称为"四住期"（āśrama）。第一期可称为"学生期"（brahma-cārin），即男性青少年单独筑舍（多在林中等僻静之处）学习"吠陀"等经典的时期，大致相当大学中学时代。"儒童"原来就是对这样的青少年的特殊称呼，大体上相当咱们的"大学生"。早期译经中也有简单地和一般的"外道"修行者统一译作"梵志""梵士"的，没有把年青和学习两大特点给照顾到。后来，"儒童"的内涵扩大化，对童子、年幼的人都可以这样译了，但大体上还都带有男性和正在读书的内涵，只不过不限于婆罗门，连刹帝利种姓的也可包括了。且先看一则典型的婆罗门青年事例：

> （释迦牟尼佛本生，即前生中之一次）即复还生莲华王都，托生彼处婆罗门妇——足满十月，生一童子，端正殊妙，最上无比，身色具足。年二十后，于时父母而语之言："摩那婆！当须造舍。"时彼童子报父母言："为我造舍，为有何义？我心今者不在于舍，唯愿放我入于深山。"父母即听。……彼摩那婆即至余处树林之中，量地作屋。……我是尔时婆罗门子摩那婆也。
> （《银色女经》，北魏·佛陀扇多译）

这就是那时典型的婆罗门青年学生期的生活。这就是典型的"摩那婆",即"儒童"。这则故事也显示出,"儒童"还不是佛教徒,那时,释迦牟尼佛还处于"本生"时期呢!就是佛教建立之后,儒童也不是对佛教徒的称呼。从佛教看来,他们不过是"可以教育好的男青年"罢了。且看一位婆罗门中的摩纳婆皈依的故事:

> 尔时会中有一婆罗门,名曰黄发摩纳婆,从座而起,整衣合掌白佛言:"我今乐欲随喜赞叹!"佛告摩纳婆:"随汝意说。"……时摩纳婆见彼诸人辞佛去后,少时而住。即从座起,整衣合掌白佛言:"……各持一衣来施于我,我持奉佛。……"世尊为受,告言:"……复次,摩纳婆!知恩报恩名大善士。少尚不忘,何况多恩。是故汝今应勤修学!"摩纳婆闻佛说已,欢喜信受,顶礼双足,辞佛而去。
>
> (《有部毗奈耶杂事》卷三十六,唐·义净译)

这位儒童成了一位居士。这可是在佛教初建之时,他也没有入僧团,只是受居士戒罢了。

二

可是,一位儒童在本生故事中却充当了"受记"角色,也就是说，在这样的本生故事中，锭光佛（定光佛）要预言作为释迦牟尼一次前生的儒童必定成佛。别的本生故事，绝大部分只是在借故事说明某种道理，没有提及"授记"和"受记"的事。照那样循环不已的转生下去，释迦牟尼何日成佛？终非了局。由此看来，儒童本生故事的重要性就凸现了。

儒童充当"受记"角色，可以首举《六度集经》（吴·康僧会译）卷八所载"儒童受决经"为例：

> 昔者，菩萨生钵摩国，时为梵志，名曰儒童。自师学问一仰观天文，图谶诸书闻见即贯，守真崇孝，国儒嘉焉。师曰："尔道备艺足，何不游志，教化始前乎？"对曰："宿贫乏货，无以报润，故不敢退也。母病尤困，无以医疗，乞行佣赁，以供药直。"稽首而退。周旋近国，睹梵志五百人，会讲堂，施高座——华女一人，银钱五百——升坐高座，众儒共难，睹博道渊者，女钱贡之。菩萨临观，睹其智薄，难即辞穷。谓众儒曰："吾亦梵志之子，可豫议乎？"佥然曰可。即升高座。众儒难浅而答道弘，问狭而释义广。诸儒曰："道高明邈者，可师焉！"佥降，稽首。菩萨辞退。诸儒俱曰："斯虽高智，然异国之士，不应纳吾国之女也！"益以银钱赠焉。菩萨答曰："道高者厌德渊。吾

欲无欲之道，厥欲珍矣。以道传神，以德授圣。神圣相传，影化不朽。可谓良嗣者乎！汝欲填道之源，伐德之根，可谓无后者乎！"说毕即退。众儒恧然而有耻焉。女曰："彼高士者，即吾之君子矣。"褰衣徒步，寻厥迹，涉诸国。力疲足疮，顿息道侧。到钵摩国，王号制胜，行国严界，睹女疲息，问："尔何人，为道侧乎？"女具陈其所由。王喜其志，甚悼之焉。王命女曰："寻吾还宫，以尔为女。"女曰："异姓之食，可徒食乎？愿有守职，即从大王。"王曰："尔采名华，供吾饰也。"女即敬诺，从王归宫，日采名华以供王用。儒童还国，睹路人扰扰，平填墟，扫地秽。问行人曰："黎庶欣欣，将有庆乎？"答曰："定光如来：无所著，正真道，最正觉，道法御，天人师——将来教化，故众为欣欣也。"儒童心喜，寂而入定，心净无垢，睹佛将来。道逢前女，采华挟瓶，从请华焉，得华五枚。王后、庶人皆身治道，菩萨请地少分，躬自治之。民曰："有余。小溪，而水湍急，土石不立。"菩萨惟曰："吾以禅力下彼小星，填之可乎？"又念曰："供养之仪，以四大力苦躬为善。"即置星辇石，以身力填之，禅力住焉。余微淹堑，而佛至矣。解身鹿皮衣，着其湿地；以五华散佛上——华罗空中，若手布种、根着地生也。佛告之曰："后九十一劫，尔当为佛。……"儒童心喜，踊在虚空，去地七仞。自空来下，以发布地，令佛踏之。……儒童者，我身是；卖华女者，今裘夷是。……

这类故事中的两个重要情节是"借花献佛"（五华，这是云南地区受上座部佛教暗中影响而固定化的"五朵金花"的老根）和"布发"。

且先说借花献佛，这是当时处于轮回中菩萨身份的释迦牟尼佛前身儒童从献花女那儿要来的，儒童与女郎是夙世因缘。这是许多本生故事的老套，用来解释释迦牟尼和他的妃子、儿子的关系是无数前生中早已确定了的。季羡林先生在《论释迦牟尼》（载于《季羡林文集》第七卷，下引文见于第77页）中有精辟地分析，我们在前面已经引述过，不赘述。

上述那一则儒童故事中的夙世因缘情节，不过是大量的这类故事中的一种罢了。但是，较一般的本生故事情节复杂些，同时，写出了女郎的执着追求与纯洁本质，不像某些本生故事把妃子的前生写成引诱菩萨（或者说是仙人）的淫女，那种写法，未免对释迦牟尼的妃子大不敬了，对释迦牟尼佛也不见得有太大好处。其实，把夙世因缘处理成儒童本生的情节这样，男女主人公可谓双赢，恰到好处。

再说布发。这本来是古代南亚次大陆一种最高礼仪，这则故事中把布发的理由交代得很清楚，就是在佛到时还有一处水洼（或说湿地）来不及填好。这就把布发的原因说得比较自然，而不是过分地拍马屁，给释迦牟尼预留身份。这个与众不同的细节被后来的雕塑家和画家特别地注意并使用了，成为他们创造这个本生故事时必用的题材。古代南亚次大陆以至西域的雕塑与绘画，莫不突出这一个细节，它几乎成为儒童本生的标志。我国如云冈第十窟、敦煌莫高窟二百九十四窟和六十一窟等，均突出了这一个特点。

《修行本起经》（后汉·竺大力共康孟详译）卷上也有这么一个情节大体相同的故事，大致如下："是时有梵志儒童名无垢光"，在山林中从师，学成后想报师恩，下山参加"丘聚"中"祀天祠"集会，论道七日七夜，极受欢迎，主人长者送他许多物品与银钱，他献给本师了。主人要把女儿"贤意"施给他，他不肯要。他游行到国都，知道"锭光佛"要来，找不到供养之物。听说国王要在七天内独占供奉香花，心里不愉快。须臾，锭光佛到了，知道这个"童子"的心，就对一名持瓶盛花的女郎处大放光明，花瓶变成透明的琉璃瓶。儒童向女郎买花，女郎只希望嫁给他，不要钱。后来让儒童代她送两朵花，再加上给儒童的，一共五朵花，见佛时"便散五华，皆止空中，变成华盖，面七十里。二花往佛两肩上，如根生"。并且"布发着地"，佛"蹈之，即住而笑"，预言儒童百劫后当得作佛，名释迦文（汉言"能仁"）。还预言那时他的父母、妻子、儿子和三个弟子的名字。这位能仁菩萨承事锭光佛,直到锭光佛涅槃,自己才继续转生。

这个故事中隐含着表示出儒童当时已经出家,而不像上一个故事中那样仅仅是位"居士""信徒"。为了坐实出家这一点,有的佛经,如《萨婆多毗尼毗婆沙》第五卷中,还特别指出:

> 昔儒童菩萨于燃灯佛所,以发布地,令佛蹈过。以此因故,得发绀色。即于尔时剃发出家。时无数人得菩萨发,尊重供养。……

按,佛教自释迦牟尼佛成道说法后始建立,他的前身如何能当和尚?可是,佛教创造出"过去现在未来三世佛",并建立起"过去七佛"的传法体系,也就可以自圆其说。读者万勿于此等处胶柱鼓瑟,钉坑凿死。

《生经》卷五中有一个与此类似的本生故事,其中增添了一个反面人物,就是佛经中常见的那位:释迦牟尼佛的叔伯弟弟,先皈依后叛变,屡屡与佛陀为难的调达(提婆达多)。也引述一部分原文如下:

> 昔无数劫时,有一人大兴布施,供养外道梵志……诸梵志法:知经多者,得为上座。中有梵志,年耆多

智,会中第一。时儒童菩萨亦在山中学诸经术,无所不博。时来就会,坐其下头。次问所知,展转不如,乃至上座问,长老梵志所知亦不如儒童。十二年向已欲满,知经多者,当以九种物以用施之……长老梵志便自思维:"吾十二年中,无系我者,而此年少欻乃胜吾。人可羞耻!……"便语儒童:"所施九物,尽当相与。卿小下我,使吾在上。"儒童答曰:"吾自以理,不强在上。若我知劣,我自在下,无所恨也。"梵志懊恼,避座与之。……因问儒童:"卿之学问,何所求索?"答言:"吾求阿惟三佛度脱万姓。"长老梵志心毒恚生,内誓愿言:"吾当世世坏子之心,令不得成……"菩萨道成,调达恒与菩萨相随,俱生俱死,共为兄弟。恒坏菩萨。尔时长老梵志,调达是也;儒童者,释迦文佛是。

《季羡林文集》第七卷中又有一篇文章《佛教开创时期的一场被歪曲被遗忘了的"路线斗争"——提婆达多问题》,同样精辟地论述了另立山头的提婆达多与释迦牟尼佛长期斗争的问题。文章较长,请有兴趣的读者自行阅览,不赘引。本生故事中反映并立场鲜明地企图说明与解决这一路线斗争问题者不少。有些达到诅咒提婆达多下最低一层地狱的程度。上述这一则儒童本生故事却是有理有节,只把前才结怨的情节交代清楚，就算完成任务。

儒童本生故事在佛经中多有记载，版本多种多样，我们不多加引述，下面只再引一种特殊的简本，记载在《大方广佛华严经随疏演义钞》第十三卷中的比较清晰，述其大略：有一位"外道"出世，他白天在山窝内隐藏，夜深人静时才出来乞食，人们认为他的行为像昼伏夜出的鸺鹠鸟，就称呼他为"鸺鹠仙人"，他就是《百论》中记载的优楼佉，或名羯拏仆。"羯拏"的意译是"米脐"，"仆"的意译为"食"。据说他先在夜间行乞，怕惊扰了妇女小孩，于是只去捡碾场内糠中残余的米脐为食，"故时号为米脐仙人"。他要找传法之人，必须具有"七德"的。经过多劫，找到波罗疤斯国有一位婆罗门，名叫摩那缚迦，"此云儒童"，"其儒童有子名般遮尸弃，此云'五顶'。顶发五旋，头有五角"。但此人"既染妻孥，卒难化道"。于是等待。过了三千年，此人在园中与妻子争花，打起架来。鸺鹠仙人趁此去化他，他不从。如此连化三次，此人因和妻子闹得实在利害，对老婆十分厌恶了，想念起鸺鹠仙人来，仙人才接引他入山学道去了。

这则故事，似乎显现出儒童本生故事的早期形态。它不能成熟地表达儒童本生故事应表述的内涵，虽然指引者也有了，花儿也有了，妻子也有了，但主题只表述到入山学道，与佛教搭钩太少，意境也太低下：和老婆闹翻，才负气入山学道。学的是什么道也不明确。佛教善于改造民间故事传说，使之为己所用，大约这个古老故事传说的原型基本上就是这个样子，后来几经加工，才化为真正能得心应手地为佛教所用的儒童本生，并且可以添枝加叶地在多种用途中使用了。

三

中国人特别是汉族，向来有玩弄词语并从字面上硬行联系的癖好。"儒童"作为意译，带有"儒"字，又属于读书人系统，因此，很容易与开办学堂的儒家联系起来。不论是佛家还是道家，都可从有利于自己的角度加以使用。

《广弘明集》卷八载有道安的《二教论》十二篇，其"服法非老第九"引《清净法行经》："佛遣三弟子震旦教化：儒童菩萨，彼称孔丘；光净菩萨，彼称颜渊；摩诃迦叶，彼称老子。"卷十二载明概的《决对傅奕废佛法僧事》中，有八条"决破"。第七条中亦引《清净法行经》，说："儒童菩萨化作孔丘。"第八条中又引《须弥图经》："宝应声菩萨化为伏羲；吉祥菩萨化作女娲；儒童化作孔丘；迦叶化为李老。"接着，引《涅槃经》，说："三皇、五帝、孔、李、周、庄，皆是菩萨化身。"卷十三引法琳《辨正论·九箴篇下》中的注，注引《空寂所问经》，说："迦叶为老子；儒童为孔子；光净为颜回。"《辨正论》单行本卷六引注与之相同。法琳在《破邪论》卷上之中，也引《清净法行经》，与前引道安《二教论》所引相同。此外，晚期的元代的子成所著《析疑论》卷五中，又提出"大迦叶菩萨称为老子；净光童子菩萨称为仲尼；儒童菩萨称为颜回"的说法。

按，《清净法行经》一卷，失译，译出时间甚早，《出三藏记集》第四中已有记载，经录中列为"疑伪经"。可见佛教传入中原不久，"儒童"的传说就有中国式样的穿着打扮了。晚期的则有《析疑论》以为殿军。此论是元代名僧子成晚年居终南石室时为答疑所作，有"金台大慈恩寺西域师子比丘述注"，可见佛教各宗派均服膺此种说法．要不然师子比丘是不会为之作注的。注中还作补过说，这是出于《佛说空寂所问经》和《天地经》，皆云："吾迦叶在彼为老子，号无上道；净光在彼号仲尼，为夫子，渐教化；儒童在彼号颜回。"又引《须那经》，说："吾入灭千载之后，教流于东土，王及人民奉戒修善者众。"观乎此，可以仿佛想见三教是如何地互相乱造履历。《封神演义》等小说戏曲，特其流亚耳。

可能是鉴于此种涉及三教争胜互相派遣的说法太乱，太没谱，元代的居士刘谧在《三教平心论》（载于《佛法金汤编》卷十五，可在《大正藏》第二十五册中较容易地找到）

卷上之中说:"或者又徒见道家有《化胡经》,谓释迦、文殊乃老子、尹喜所化也;佛家有《破邪论》,谓:'佛遣三弟子震旦教化:孔子乃儒童菩萨;颜回乃净光菩萨;老子乃摩诃迦叶也。'审如此,则三教优劣岂易以立谈叛(判)哉!殊不知,二书之作,各欲尊己而抑彼,遂至于驾(架)空而失实。"这却是较为平实的见解。其实,佛道两家互相派遣和反派遣,是比较认真地著录于文献之中的,当然,从佛教经录的著录来看,那是"疑伪经",靠不住的。道教却是有点当真了。这也是《封神演义》等小说戏曲多从道家角度下笔的缘故罢。真正的儒家"子不语怪力乱神",倒是向来不太重视什么"儒童菩萨"之类的说法。

可是,有借此生事的,那就是与佛道两教原来都有点千丝万缕牵连的民间会道门。会道门以神道设教,总得捧一至几位祖师爷出来。捧什么的都有,如义和团之抬出孙大圣即是。一些会道门想到了借重孔子。例如,白莲教说孔子是"儒童佛",把孔子由早期佛道斗争中的菩萨级别抬升到佛,以加强号召力。明末,白莲教的重要支派东大乘教的一个分支"大乘天真圆顿教"承袭此说,进一步宣扬说,在末劫临头之时,儒童佛奉无生老母差遣,下界临凡,普化天下众生。这个教派的重要"理论著作"《古佛天真考证龙华宝经》(约在清顺治九年即1652年写成,有顺治十一年刻本)中说道:"后有儒童佛出世,乃是圣人化现,走马传道,周

249

流列国：化愚为贤，挨门送信，找化人天。叫醒天下人民，吃斋念佛，改恶向善。"还有唱词："孔圣临凡号儒童，千贤万圣紧跟踪。子路、颜回传书信，曾子、孟子讲三乘。三千徒众传法客，七十二贤考修行。"最后的结束是："儒童佛，暗临东，周流列国化贤人。天下传道三年整，十日功劳果完成。众诸佛，会云城（程？），龙华会上续长生。"显然是把弥勒下生和孔子周游列国混合起来的结果。当时尚有大批群众相信这通神聊，那绝对是古代中国教育不普及，特别是农村教育太不普及结成的恶果。明末长生教创始人汪长生甚至发展到把自己当作儒童佛孔子二次转世（见于《众善宝卷》），那就更加使有识者感到真是胆大妄为，欺人太甚了。不过，当代有更超过他们的。

梁任公先生有《小说与群治之关系》一文，论述小说对社会之影响。请有兴趣的读者参看，亦不赘引。观"儒童"等故事在华变化可见，中国人在豆棚瓜架之下的各式各样的创造，实在够咱们分析老半天的。神魔小说等与《玉匣记》等迷信书籍交相为用，势力不可低估。

四威仪——行住坐卧

成年人教育儿童的一句俗话是:"坐要有坐相,站要有站相。"《论语·学而》中也引孔子的话说:"君子不重则不威,学则不固。"讲的大致都是日常生活中的举止要遵守一定的规矩,从而显示出自己的文化水平与修养,赢得他人的敬重。对于宗教徒特别是其中的专业性人物——如僧人、道士、神甫、修女——来说,更需要通过本身的行为举止,显现出本教派的特点与威严,表现修行的虔诚态度,以建立威信,赢得社会上一般人的信仰。在世界性的大宗教中,佛教是最注意这方面的教育和实践的。通过众多的清规戒律,佛教把僧人生活中的几乎一切行为都作出了明确的规定。

综括来说,佛教的戒律中把人们生活起居的动作行为概括为行住坐卧四种基本方式。对比丘和比丘尼,在这四方面要求特别严格，对他们的举止作出了规范性的规定。这就是"四威仪——行住坐卧"。必须说明的是，四威仪仅是对出家二众行为的规范。对沙弥和沙弥尼以及式叉摩那，要求他们跟着学，但不作一定要做到的要求。对在家二众则更不作要求。所以说，四威仪是真正出家人的事。

"威仪"这个词语，在古代汉语中，原来似乎就兼指祭享等典礼中的仪节和行为规范，还有贵族阶层如天子、诸侯、大夫、士等待人接物的礼节和行为规范。《礼记·中庸》中所说的"礼仪三百，威仪三千"，大约说的就是这繁琐的一大套，这里面，除了仪节本身的规定以外，当然也指遵循仪节和由此而产生的熟练的规范化行为动作了。佛教很自然地借用这个词语来翻译梵文的Cestita，更用来翻译梵文的Irya-Patha。对Irya-Patha，早期有两种译法。一种是译为"威仪"，另一种则译成"庠序"，庠序，作为一个专名词，在古代原指地方学校，如现在的市立中学一类的学校。学校是庄严肃穆学习礼节和做人规范之地，不容喧闹，因而又有了一种内涵为"安详静穆"的形容词用法，用来译Irya-Patha也不错。后来，中国僧人在用来写作自己的著作时，逐渐对这两个中译词语进行某种分工，大致是：作名词用时，使用"威仪"；作形容词用时，使用"庠序"。但古人对名词形容词的区分并无认识，使用起来当然也不像当代语言学家那样严格。有时两者还可叠用。下举数例；

《大唐西域记·战主国》："僧徒肃穆，众仪庠序。"

《敦煌变文集补编·维摩诘经讲经文》："梵王翔（庠）序绕慈尊。"按：在《敦煌变文集·维摩诘经讲经文》中，又写作"祥序"，它们都是"庠序"的错别字写法。有人认为它们都是"徐详"的倒文，而不认为它本身已经是一个凝固了的词语，恐怕是因为没有考虑到翻译的因素所致。

叠用的例子，可举《贤愚经·波婆离品》："威仪详序。"又，《敦煌变文集》中的《太子成道经》和《维摩诘经讲经文》也都有"威仪庠序"的话。《贤愚经》是北魏太平真君六年（445年）凉州僧人的译文，后两者估计是五代至北宋初中国人的作品。

不过，最后固定到"四威仪——行住坐卧"之时，还是用名词化的"四威仪"。它是梵文Catur-vidhaIrya-pathah的意译。它具体指四种威仪：

行，这是梵文Gamana的意译；

住，这是梵文Sthana的意译；

坐，这是梵文Nisakya的意译；

卧，这是梵文Sadana的意译。

我们不嫌词费地列出这些词语的梵文原词，目的是提请读者注意：在佛教著作中，它们都含有佛教教义特有的内涵。后来中国佛教界经常用"行如风，坐如钟，立如松，卧如弓"四句话来形象化地概括四威仪,实际上,比起这简单的四句话来,四威仪的内涵要丰富得多。关于四威仪,各种经论和清规戒律中有大量繁琐的规定。我们只可简单地先总后分地略加说明。

总的说来,中国佛教比丘所受到具足戒戒律为二百五十条,比丘尼为三百四十八条。其中的"四重禁"属于"戒分",即最严重的非禁止不可的四种禁制。它们就是"杀,盗,淫,妄",也就是五戒中酒戒以外的那四戒。其余的戒条可以总称为"威仪分",这些戒条都与威仪有关。

分别地说,还可以按四威仪的顺序,重点地形象化地来谈一谈。

先说"行"。据律宗祖师道宣《教戒新学比丘行护律仪》中所载,走路的时候,要直视前方七尺的地方,并且要常常审视有无虫蚁之类,以免踩死。这样,就不能走得很急,当然,急行更有失仪之虞;也不能垂手和溜溜达达;不能左右乱看;要一步一步地走得均匀平稳。以上是说的一个人行走。如果与人同行,那可不许和异性一起随便靠拢同行,也不许和喝醉了的人同行。

有一种特殊的行—称为"经行",是梵文Cankramya的意译。按,古代南亚次大陆婆罗门修行时,常在林中居住,并在树林子里面往复旋绕穿行,同时进行思维。佛教沿袭和发展了这个做法。相传释迦牟尼佛成道后就曾先观树再经行,思维妙法。义净《南海寄归内法传》卷三第二十三条"经行少病"中说:"五天之地,道俗多作经行。直去直来,惟遵一路。随时适性,勿居闹处。一则痊疴,二能销食……或可出寺长引,或于廊下徐行。……若不为之,身多病昏……多是端居所致。必若能行此事,实可资身长道。"这就是在饭后、疲倦时、坐禅打瞌睡时,起来调节身心,进行一种安静的散步,同时也可进行思维。《大比丘三千威仪经》卷上说,适于经行之处有五:闲处,户前,讲堂前,塔下,阁下。《四分律》卷五十九中则说,常常经行能得五利:能堪远行,能静思维,少病,可销食,于定中得以久住。

次说"住"。首先是在人前怎么站。前引道宣的书中有"师前立法"条,重点讲在法腊高的前辈师长面前的站法:不能站立在师长的正前方和正后方;不能站得太远和太近;不能站在比师长高的地方;不能站在上风的地方;只能侧面站在距离师长的额角大约七尺的地方。其次说居住在何处。原则上说,除了外出行脚以外,晚上全得回自己所属的寺院住宿,不许在外留宿。云水漫游中,也要尽可能找寺院挂搭。无处收留必须野宿时,按《大比丘三千威仪》卷上的教导,要避免在闹门间、屠杀处、祇祠处、桥下、桥头、四徼道和空闲之处居住与休息,因为那些地方都是恶鬼的住处。

再说"坐"。还是据道宣等所说,师长没有叫坐就不许坐;坐的时候脚要着地;不能同床共坐,需要解释一下:

这"床"是唐代及唐代以前的坐榻，不是后来睡觉用的床，前一句中"同床共坐"的意思大致相当于现代人两人坐一把椅子；不能和异性连席共坐，这句话的意思和现代人所说的"男女混杂""同坐在一条长板凳上"相仿。以上属于禁忌。至于坐法，坐禅时必须陈敷坐具，结跏趺坐；实在太疲劳，可以伸展一只脚，搭拉着两只脚绝对不行。坐的时候要澄心静虑，端肃威仪，不可胡思乱想人世间的事情。

最后说"卧"。也是据前引诸书中所说，睡眠时，必须先铺设好卧具，躺下的时候，面朝外而不能对墙，以右手为枕，右胁着席，左手放在左膝之上，两足相叠而略弓。据说释迦牟尼佛涅槃的时候就采取这样的躺卧方式，今所见卧佛像均为此种姿势。这种姿势俗称"带刀卧"，这是因为佩刀的人一般都把刀挎在左边，所以左胁有东西硌着之故。另据《宋高僧传》卷十"百丈山怀海传"中说，怀海"卧必斜枕床唇，谓之带刀睡。为其坐禅既久，略偃亚而已"。这就要谈到另一种夜间休息法"不倒单"。实际上就是夜里不躺下睡觉，或者说是用结跏趺坐的姿势睡觉。不分昼夜，日日夜夜，永远不躺下。据说这是了脱生死速证涅槃之要行。老法师真有几十年不倒单的，那可是真功夫。

此外，据《摩诃僧祇律》卷三十五中所说，仰卧是阿修罗的姿势，伏卧则是饿鬼的姿势，左胁卧是贪欲人的姿势。僧人不可采取这三种姿势，但是在老病和右胁生疮时可以通融。还有，僧人绝不能赤身露体睡觉，睡觉的时候更不能胡思乱想，要不忘正念。室内有佛像的时候——应该说明：僧人室内无佛像的可能性极小——躺倒时头顶对着佛，眼睛可不能躺着看佛。

前面已经强调，四威仪是严格执行清规戒律的显现，所以，不能孤立地看待四威仪，一定要把它和戒律联系在一起。佛经中常提到持守日常威仪时应该有"三千威仪，八万细行"，就是这种联系的一种体现。这是个极言其多的使用乘法计算得小的概略数字：比丘应持二百五十戒，乘以四威仪的四，得出一千；再乘以三聚净戒的三，便是"三千威仪"了。再把这三千乘以七（身口七支：杀、盗、淫、两舌、恶口、妄言、绮语），得出二万一千；再乘以四（四种烦恼），得出八万四千，尾数四舍五入，举其大数，便是"八万细行"。另有说比丘尼需持三百四十八戒，故为"八万威仪，十二万细行"的。总之，不过形容戒行之多以及和威仪联系之广罢了，不必深究。从修辞学的角度看，这种做法似乎属于"以定数代不定数"。中国人习惯以"三"及其倍数形容多，"十二"也用来形容多而齐备有序；佛经中所见，则常以"五百""八万四千"等形容多。

"二十诸天""供佛斋天""供天"与"拜天公"

一

供佛斋天，是佛家的事。汉化佛教将挑选出的原古代南亚次大陆护法神"诸天"尽可能地汉化后，供奉于佛寺中。但他们绝不是主尊，更不是出家人，只是"居士"级别的护法而已。

天，梵语Deva-loka中Deva的意译。音译"提婆"。

一般说来，单数意义上的"天"，指的是"天上，天界，天道，天趣（趋）"等义。"六道"中的天道，乃最高最胜之"有情"，大体上相等于中国人原来崇拜的"神，天神",不过是外来户,所以翻译家另译为"天"。并其所居的多层次的天界,也译作"天",如"三十三天"即是分成三十三个层次的天界。若为复数,则指的是此种有情之个体(天人)中的多数,意为"天众,天部"。二十天就是多数聚合的天神,故称"诸天",意为"各位天神"。

佛教兴起前好几个世纪,古代南亚次大陆如婆罗门教等均信奉多神教,据说,众神有三亿三千万之多,简直和佛一样,有"恒河沙数"了。但记录中当然没有那么些。《吠陀》等经典中所载不少。佛教兴起后,如何对待那些众多的老神灵呢?释迦牟尼佛很聪明,创立了"佛法广大,无所不包"的原则,把这些老神统统纳入佛教之中,让他们成为"护法神"。这些天神的事迹,随着僧人和经典传入中原。中国人原来并不了解他们,他们的历史,在佛典中记载也不完全一致。在佛寺中供奉哪些位,供奉在哪里呢?犯难了!经过历史上的大浪淘沙,汉化佛教的"诸天"慢慢地基本上固定下来。

"诸天"究竟有多少位?情况复杂。视时代、经卷所述安置部位、部派、所起作用等等之不同,有种种安排,包括列位顺序的安排。大体上说,是由少变多,越来越多,变到五代宋辽金之时,初步固定,但还是有加多的趋势。清初至当代,在"供天"时基本请齐了。

在佛寺中供奉诸天为护法神,称为"供天"。唐代密宗盛行时,"供天"之事盛行,逐渐步入正轨。此后,所供之天也越来越多。

先说"八方天"。据唐代灌顶译《施八方天仪则》(一卷)和法全集《供养护世八天法》(一卷),八方天是:东方帝释天,东南方火天,南方焰摩天,西南方罗刹天,西方水天,西北方风天,北方多闻天,东北方伊舍那天。

再说"十天"。据《十天仪轨》(日本仁和寺藏古写本),他们是:东北方大自在天,东方帝释天,东南方火天,南方焰摩天,西南方罗刹天,西方水天,西北方风天,北方毗沙门天,上方大梵天,下方地天。这已与八方天的所居方位有所不同了。这里面,东北方是由大自在天为尊的,取代了伊舍那天。

接着说"十二天"。据不空译《供养十二大威德天报恩品》(一卷)所述,他们是:地天,水天,火天,风天,伊舍那天,帝释天,焰摩天,大梵天,毗沙门天,罗刹天。日天,月天。

以上主要为密宗的安排,主要在设立"坛场"时使用。

宋代的人,所供天数已经达到十六天以至二十天。天台宗特别重视供天之事,这从他们努力将诸天的天数及列位上固定便可见出。南宋孝宗乾道九年(1173年)癸巳,天台宗僧人行霆整理出《重编诸天传》。从此推广,供天逐渐以二十天为准。《重编诸天传》只见于《大日本续藏经》第一辑第二编的"乙"第二十三套第二册。李鼎霞编订的《佛教造像手印》（2000年北京燕山出版社印本，不是1990年的初版本。此后，2011年中华书局又出新排印本，责任编辑朱立峰。较前更为完善）是唯一的整理标点本。据此，原来必有《诸天传》，不然，"重编"落实于何处？可惜，原本不存。我们的讨论，只能以《重编诸天传》为起点站了。

二

《重编诸天传》中，引经据典，主要内容只是两部分：诸天列位，对各个天的逐位介绍。

中国人是极为重视聚会排列中的顺序的，自古至今，一律如此。所以，必须先给诸天排好顺序，称为"诸天列位"。有两种排列法。

一种是在大型的正式的"佛会"上，即佛、菩萨、罗汉、护法诸天等齐集的宣讲法会中，其顺序是：大梵天（男），帝释天（男），北方多闻天王（男），东方持国天王（男），南方增长天王（男），西方广目天王（男），密迹金刚（男），魔醯首罗（男），散脂大将（男），大辩才天（女），大功德天（女），韦驮天（男），坚牢地神（女），菩提树神（女），鬼子母神（女），摩利支天（女）。这是前十六天。又有后加上的四天：日宫天子，月宫天子，龙王，阎摩罗王（阎王）。排列时两两相对，先左后右。

再一种是在"熏修道场"上，则中央是佛的座位，两位胁侍，左为功德天，右为辩才天。以下分左右两排侍立：

右侧	左侧
帝释天	大梵天
北方天王	东方天王
西方天王	南方天王
月天	日天
魔醯首罗	密迹金刚
韦驮天	散脂大将
菩提树神	坚牢地神
摩利支	鬼子母
阎摩罗王	龙王

"熏修"，意为在受熏染中修行。特指在受释迦牟尼佛教导时得到熏习。实为一种专为一定范围的神特开的较为小型的法会。熏修道场，即诸天请佛专为自己及眷属开道场，以便亲近佛，受到指导与熏染。有点特为诸天"开小灶"的意思。这里特指《金光明经》中的道场。此经四卷，北凉时期昙无谶译，注疏相当多。

应该说明，二十诸天的固定化，当然早于《诸天传》，更早于《重编诸天传》。《重编诸天传》行世后，虽然把原来的《诸天传》冲没了，但它行世也不广。此书在中国没有入藏。辽金与南宋处于半隔绝状态，许多人也未必见到过行霆这部书。所以，今所见自唐五代敦煌石窟所出塑像、画幡，以至宋辽金元，一直到明清时期，各个寺院所供二十诸天，名号和塑造绘画等情况，会有不同。万不可执一而论。我们采用最大公约法，挑较全的说。简介如下：

第一位：大梵天，梵文的意译，音译"摩诃婆罗贺摩"，是婆罗门教、印度教的创造之神，与湿婆、毗湿奴并称，称为三大神。据《摩奴法典》载，梵天出自"金胎"（梵卵），把卵壳分为两半，造出天和地，并创造了十个"生主"，由他们协助，完成创造世界的工作。同时，他也创造魔鬼与灾难。他原有五个头，据说被湿婆毁去一个，剩下的四个头，面向四方。他有四只手，分别拿着"吠陀"经典、莲花、匙子、念珠。通常坐在莲花座上，出行时的座骑是一只天鹅或由七只鹅拉的一辆车。因其本来的地位崇高，所以佛教产生后也用他造出新神话。"佛传"说，释迦

帝释天

牟尼佛从兜率天下生时，梵天作为最亲近的侍者，手持白拂子，在右前方作引导者。释尊成道后，大梵天洒扫自己的宫殿，请佛在殿上说法。这样，就造成佛居诸天之上的印象。大梵天入佛门后，虽被吸收为护法神，位居"诸天"之首，与"三大神"原职相比，显然地位大大降低。汉化后形象改变更甚，多作中国中年帝王形象，手上常持莲花。在释迦牟尼佛旁边侍奉时，手持白拂子。又有一说：梵天、帝释并传佛，梵天打伞（幢），帝释持拂。

第二位：帝释天，梵文的意译，音译"因陀罗"。本来是南亚次大陆神话中的最高天神，有关他的颂诗占《梨俱吠陀》书中四分之一。据说他统治一切，被尊为"世界大王"。他全身褐色，能变形，力能劈山引水，掌握雷雨，又是战神。武器有金刚杵、钩子、网。四大天王等全是他的部下。据说，释尊下生时，他化现七宝金阶，让佛从天上一级一级地下来。他在左前方手执宝盖（幢）引路，和右前方的大梵天是一组。他也曾请佛在自己的宫中讲了许多各种经文。当然，加入"诸天"的行列后，虽然居首，比"世界大王"时代就衰微多了，和四大天王等老部下基本上平起平坐。佛教还给他新造了履历，称其为忉利天（即三十三天）之主，居须弥山顶之善见城。据《大智度论》说，迦陀有婆罗门，名摩迦，姓憍尸迦，有福德大智慧，与知友三十三人，共修福德，命终皆升须弥山顶第二天上，摩迦为

三生石上旧精魂

大自大天

天主，三十二人为辅臣，以此三十三人故，名为三十三天。又据《净名经疏》等书中说，迦叶佛入灭后，有一个女人发心为之修塔，另有三十二个人帮忙。后以此因缘，同生于天。那女人居中，即化为帝释天，还有三位夫人，名为"园生""善法""赦友"，与帝释天一起修行。那么，帝释天此时一定是由女变男了。这种种说法，暗中影响了汉化佛寺的造像意匠。汉化寺院中，帝释天常作少年帝王像，而男人女相，面"如散华供养天女"；或即径作青年女后像。为了表现帝释天居于须弥山之巅为三十三天之主，中国画师常有巧妙构思。如北京市法海寺壁画中，帝释天作女后像，后有三位天女（或即象征那三位"夫人"？），其中一位给帝释天打着伞盖（幢），以示帝王之尊；另一位持盘，内盛莲花，以示入佛门修供养之事；最有兴味的是第三位。双手捧个山石盆景，这是纳须弥于芥子式的化须弥以至大地为盆景，此种绝妙的象征性手法，纯粹是中国人的意匠创造。研究南亚次大陆神话的人，若见他竟然变得这样厉害，定会惊讶不止，叹其汉化之深也。

第三位：北方多闻天王。第四位：东方持国天王。第五位：南方增长天王。第六位：西方广目天王。所谓"四大天王"是也。

第七位：密迹金刚。是手持金刚杵守护佛法的护法神。

第八位：大自在天。梵文的意译，音译是"摩醯首罗"。是南亚次大陆神话中男性生殖器崇拜者之神，以男根为其标识。据说，万物都是他生的，原来都是他肚里的小虫，大地是他的身体，水是他的尿，山是他的粪便。佛教说，他位于色界十天处，"于大千世界中得自在"，本像颇为"丑

辩才天

恶",看来都与本根有些关联。汉化后全失本真,常作密宗所示八臂三只眼的化身状态,手执拂子、铃、杆、矩尺等,面作菩萨相,身着菩萨装,骑乘白牛。立像常省去白牛。也有作二臂、四臂、十八臂的诸种形象的。又有三面像,正面天王形,左面天女形,右面夜叉形,但少见。

功德天

第九位:散脂大将。散脂(散支)全译"散脂修摩",是梵文的不准确音译,唐代新译音"半支迦",意译"密",又名夜叉(药叉)大将,是北方天王八大将之一,统领二十八部众。有的佛经上说他是鬼子母的丈夫,也有说是鬼子母的二儿子的。汉化寺院中常塑成金刚武将状。许多工匠常把他和密迹金刚作为一组,密迹白面善相,散脂金面(或红面)怒相,各持降魔杵一根。

第十位:辩才天。梵文的意译,音译是"萨啰萨伐底"。主智慧福德之天神,据说他聪明善辩,所以称为辩才天;他能发美音歌咏,所以称为美音天、妙音天。他的性别,《大日经》说是男天,还有妃子;《最胜王经》说是女性,阎罗的长姊。经文中说,她住在深山里,"以雀羽作幡旗"。她的形象是"面如满月","目如修广青莲叶","常以八臂自庄严","身着青色野蚕衣"。一切动物如狮子、虎、狼、牛、羊等都爱慕她。汉化寺院中所供,常为菩萨脸菩萨装八臂像,手执火轮、剑、弓、箭、斧、罥索等,脚下站着狮、虎、狐狸、豹等。

第十一位:功德天,即吉祥天女。梵文的意译。音译为"罗乞什密"(吉祥)和"室利"(女)。出现甚早。原为婆罗门教、印度教的命运、财富、美丽女神。据说,她是神魔大战共同搅动乳海时产生的,故又名"乳海之女"。后来她成为毗湿奴的妻子,爱神的母亲。常一手持莲花,一手洒金钱(这场面使人联想起西洋画家常画的宙斯化黄金而故事)。她的坐骑是迦楼罗(金翅鸟)或优楼迦(猫头鹰形动物),有只六牙白象相随,那是印度教系统"吉祥"的象征。佛教列为护法天神,主要采取了她掌握财富的特点,因为毗

鬼子母

沙门天王（北方天王）原是财神，有的老经典就说她是毗沙门天王的妹妹或妻子。以其施财于众，故称功德天。汉化寺院中所见，她的形象端庄美丽，常戴花冠，穿多层各种天衣；佩饰繁多，有耳环，璎珞通体。极为雍容华贵。有时则作中国后妃宫样装束，那是彻底汉化的表现，常见于明中叶以后。姿态是：举如意宝珠。后随一六牙白象，象鼻绞动一个玛瑙瓶，瓶中倾出种种宝物。她的旁边一般紧跟着一位老者，那是替她念咒使瓶中出宝的咒师，着白衣（令人想起中国中古以来载籍中习见的能"憋宝"的"白衣波斯"），手把长柄香炉。

第十二位：韦驮天。唐代始见于中国佛家记录，实为中国人创造的神。

第十三位：地天，又名坚牢地神。音译"比里底毗"，据说是夫妇二人。唐代刚传来的地天，还常以男天为代表，典型形态是手把宝瓶或钵，中置各色水陆鲜花。有作四臂形的，手持镰刀、斧子、锄、锹，是一位农业劳动者的形象。可是，明清以来，汉化寺院中常作女神形象，手持中盛鲜花的钵，或执谷穗，象征主管大地和一切植物生长。

第十四位：菩提树神。释迦牟尼佛在菩提树下成道，守护菩提树的天女就是此神。据说，佛在菩提树下打坐时，她就用树叶做伞，为佛挡雨挡风防日晒。特点是手持带叶树枝，作青年妃子形像。

第十五位：鬼子母，又名欢喜母，梵文的意译，音译"诃梨帝"。有关她的传说多而杂乱，现据《毗奈耶杂事》略述如下：王舍城里有一位独觉佛出世了，开大会庆祝。有五百人沐浴更衣一起去芳园开会。路过一处，见到一位带着一桶奶酪的怀孕的牧牛女。五百人鼓动她一起赴会。她一时高兴，跳起舞来。因而胎儿早产并夭折。她大为生气，发誓来生要吃尽王舍城的小孩子。她来生果然生为王舍城姿多药叉的长女，和犍陀国的半发迦药叉结婚，生下五百鬼子。她天天吃城里人的小孩。释尊藏其少子，劝她皈依，作佛教护法。她说："吃什么？"佛说，叫弟子们每次吃饭时呼唤她和她的儿子们来领食。她常作中年贵族妇女形象，手抚她的五六岁小儿子，这孩子名"毕哩孕迦"。中国民间传说中的"目连救母"故事，其构思，实为鬼子母故事的大大地折射与改造。

第十六位：摩利支天。梵文"摩利支"意为"光"。因而影射出她会隐身法。在较为繁复的汉化造像如画像中所见，她的三个头对向三面，各有三只眼。八臂，左四手持罥索、弓、无忧树花枝、线圈，右手持金刚杵、针、钩、箭（手持物各像常有不同）。乘七头猪拉的车。上下左右各有环绕拱卫她的猪。雕造立像困难于处理这么多的猪，就连车也省略掉了。只在她身子后边露出一头野猪的前半身来，表示表示就算了。敦煌画幡有画出齐备的车、拉车的猪、上下左右拱卫的猪群的。石窟中有塑出车、猪的。我见过首都博物馆中的铸造铜像，车、猪齐备。但摩利支天铜像取自他处，后配的。还有个问题：看那一尊摩利支天像，乃是细腰露上身的藏传像，乃藏传佛教中的"摩利支佛母"也。

十七位：日天。各族都有自己的太阳神，南亚次大陆话中的老日神是"苏利耶"，又译作"修利""修野"等，他的恋人是拂晓女神（可意译为"红霞"）。他是红脸大汉，帝王形像。他乘坐七匹马拉的车，由小儿子"苏多"（意为"驭者"，大名"迦尔纳"）驾车。永远赶在红霞之后。汉化造像中，按中国老传统，他的王冠上嵌有日轮，轮中绘有"金乌（三足乌）"。

十八位：月天。给月天规定的打扮是白脸膛，持上半月形的杖，驾三只鹅拉的车。他也有妃子，也是白脸，持青莲花。中国匠人喜欢配对儿，常把月宫作成女天，即白面妃子形像。她的王冠上嵌有满月月轮，轮中绘有玉兔或蟾蜍。这也是中国式的。

十九位：水天。梵文音译"缚噜拿"，是一位在吠陀神话中已出现的老神，本来神权极大，掌管天上地下，是大神。后来权力逐渐被别的神取去，佛教产生前后，他只剩下一部分制海权，成为西方大海中海王国之神，也就是南亚次大陆的"龙王"。

第二十位：阎摩罗王。中国人在他的基础上发展成"十殿阎王",并热热闹闹地把地狱变成中国式衙门,有判官、牛头马面等鬼卒,有灌黄汤即迷魂汤的黄婆等等。还怕他们过分脱离佛教因而独立化,派出地藏王菩萨掌管原则。这都是中国人的汉化发展,并影响了近代以来的藏传与南传佛教。

三

我们在寺院等处所见二十天的形像,主要是用雕塑、铸造、壁画、画幡等显示出来的。各有特色,但因受艺术本身特点限制,特别是受到受香火之处(如立于大殿中)的限制,能充分表现各个天的特色之处者不多。以下姑举数例。

山西省大同市内西部"上华严寺",辽代清宁八年始建,迭经金代、明代以至清代,屡经兴废。今大殿供五方佛,两侧为二十诸天,明塑。特点为均前倾15度,以表敬佛之意。至今不倒。当代如杭州灵隐寺等处所塑,虽也前倾,但后背墙上挂一钩子,从腰部将各像钩住,反衬出古代匠人的水平之高。附记:辽金时代,与南宋交流有限,不能用《重编诸天传》来逐一对号入座。

北京市石景山区模式口翠微山麓的法海寺,明正统八年(1443年)建成。太监李童等的退休后居址。建造时动用宫廷匠人与画师等,具有小而精的宫廷风格。大殿内后墙东西两壁彩画二十诸天,极为精美。因为是画像,较塑像自由些，能添上许多"外彩"，如旗帜、侍从等等。但限于篇幅，仍然不能过分展开，车马就不容易加上。匠人发挥自己的意匠想象力，不甚受《重编诸天传》约束。不可执一而论。

四

二十四天，是在二十天的基础上衍生出加供四位来。他们是：紧那罗，紫微大帝，东岳大帝，雷神。后三位属于道教系统，把他们闹入佛教体系，不伦不类。佛道二教均啧有烦言。今所见寺院中所立，当以山西省大同市南门内善化寺大殿中的二十四诸天为巨擘。他们分左右立于主尊五方佛两侧。善化寺创立于唐代，辽金至明中叶递修，带有明显的辽金北方风格，亦不可以《重编诸天传》所述全部规范之。

五

二十诸天，除了矗立在殿堂上的塑像（通常在大雄宝殿上）与作为陪衬的壁画等之外，很少在佛殿中出现。水陆法会的画幡上是有他们的，但法会不常开。水陆殿上有他们的位置，但有水陆殿的大寺院不多。所以，诸天在一年中常常隐而不出，不如佛、菩萨、罗汉之日日受香火。因此，阴历年三十至大年初一，诸神下界之时，有必要请诸天出来，受受香烟。通常，寺院中在年初一一早，就请出诸天牌位，给诸天上香，名为"拜佛斋天""供天"，南方民间俗称"拜天公"。中国僧人考虑到，若按《重编诸天传》安排，有许多不在二十天之列的见诸佛教经典中的古代南亚次大陆天神就插不进来。最好是谁也别得罪，一概普请。清初，广州宝象林的主持弘赞（1611—1681）考虑到这一点，"集"出《供诸天科仪》，用"兼容并包"的办法来解决"供天"时的问题。他说："古师列十六诸天，后增日、月、龙王、阎罗为二十。今人增至二十四，既无位座，亦失次序。"否定了二十四天，实际上就是把道教的尊神排除。他在此书的"附：诸天行仪"中，较为详细地再次介绍了供天时应供的各位"天"，列位如下：大梵天，帝释天，北东南西四大天王，金刚密迹，魔醯首罗，波旬魔王，散脂大将，辩才天，吉祥天，韦驮，地神，菩提树神，诃利帝欢喜母，摩利支天，日宫天子，月宫天子，四大电王，龙王，莲华面药叉王，彩军乾闼婆王，阿修罗王，金翅鸟王，紧那罗王，莫呼罗伽王，阎罗王。一共二十八位，连同他们的眷属，普请。也就是说，供天时把他们的牌位供出来。但是，"拜天公"的"拜"有点不准确。弘赞特别注明："出家五众于诸天处有请无跪拜，在家当礼。"这是据"沙门不拜王者"的规矩所定，诸天为在家二众，故而僧人虽供天却不对他们的牌位下拜。

由上可知，其实，供天时，拜的主要还是天天拜的佛、菩萨、罗汉，诸天只是陪客而已。

附记一：《供诸天科仪》没有在汉化佛教的由政府批准的大藏经中"入藏"。此书仅见于《嘉兴藏》的"又续藏"第十八函，日本的《大日本续藏经》乙编第二套第二册。不容易找。

附记二：弘赞（1611—1681）可说是明末遗民。他俗姓朱，广东新会县学生员。明亡遁入空门。他是律宗名僧，有《四分律名义标释》等多种著作。

附记三：供天的牌位究竟多少位，各个不同宗派的寺院，随着时代的演变，容有变化。以上不过据一种材料，表示有此一说。举凡诸天的诸般情况，如天数、男女、列位、造型意匠等，绝不可据某种材料来过分地规范一切。

六

"二十八部众"，特指千手千眼观音的"眷属"，即拥护他的鬼神部众，据说各带五百眷属。据《千手千眼观世音菩萨广大圆满无碍大悲心陀罗尼经》《千眼千臂观世音菩萨陀罗尼神咒经》《千手千眼观世音菩萨姥陀罗尼身经》等经典记述，他们是拥戴千手千眼观世音菩萨的一大批鬼神，因仪轨之不同，名号有异。今姑依上引第一种经（伽梵达摩译本，他的名字意译是"尊法"，唐高宗初年来长安译经）所述，节引如下：（1）密迹金刚，（2）八部力士，（3）摩醯那罗延，（4）金刚罗陀迦毗罗，（5）婆馺婆楼罗，（6）满善车钵真陀罗，（7）萨遮摩和罗，（8）鸠阑单咤半衹罗，（9）毕婆迦罗王，（10）应德毗多萨和罗，（11）梵摩三钵罗，（12）五部净居炎摩罗，（13）释王，（14）大辩功德娑恒那，（15）提头赖吒王，（16）神母女等大力众，（17）毗楼勒叉王，（18）毗楼博叉毗沙门，（19）金色孔雀王，（20）二十八部大仙众，（21）摩尼跋陀罗，（22）散支（脂）大将弗罗婆，（23）难陀跋难陀，（24）婆伽罗龙伊钵罗，（25）修罗乾闼婆，（26）迦楼紧那摩睺罗，（27）水火雷电神，（28）鸠槃荼王毗舍阇。

  佛教经典中正规的"二十八天"，指的是二十八个层次的天界。不可将之与二十八部众混为一谈。更不可将前引的供天的牌位上的诸天与二十八部众混淆。

  座落于北京西直门外海淀区魏公村的大慧寺，明代正德八年（1513年）太监张雄所建。现仅存大悲殿。面阔五间，进深三间，重檐屋殿顶。原供主尊为千手千眼观世音菩萨铜像，极为精致，惜为日军运走化铜。今有民国年间补立像。四周为二十八部众像，却是原塑，极为精美。绝不可将之与"二十八天"混淆，甚至误认为"诸天"系统。他们之间虽有关联，却不是一码事。打个不确切的比方：诸天属于中央级别的居士群,有点像世俗社会的"上院(执政党系统一派)"或说"政协中民主人士(非党员)"。二十八部众则是某一地方部门的居士群,或者说,像是国务院参事室的参事们。他们之间有许多位是兼任的,但开的是两种会。他们拥戴的是两个对象:诸天是佛(释迦牟尼佛或密宗的五方佛)的护法,二十八部众是千手千眼观世音菩萨的护法。

《白化文文集》编辑附记

白化文先生各种著述方式的著作,出版的有十几种。此次出版文集,白先生主要选择了其中十一种,按出版年代先后,分别是:《汉化佛教与佛寺》(1989年台湾初版,书名为《佛光的折射》;大陆1989年初版)、《古代汉语常识二十讲》(1991年初版)、《闲谈写对联》(1998年初版,书名为《学习写对联》;2006年再版)、《汉化佛教法器与服饰》(1998年初版,2015年再版)、《承泽副墨》(2002年初版)、《三生石上旧精魂》(2005年初版)、《人海栖迟》(2005年初版)、《汉化佛教三宝物》(2009年初版)、《北大熏习录》(2010年初版)、《退士闲篇》(2011年初版)、《敦煌学与佛教杂稿》(2013年初版)。

此次编辑文集,以原书名为题分集,有的保持原貌,有的进行了一定调整。大体情况如下：

出版较早且风行已久的几种，一仍其旧。如《汉化佛教与佛寺》《汉化佛教法器与服饰》《古代汉语常识二十讲》，完全保持原貌；《闲谈写对联》附录了一篇原在别书的《联语小集》；《三生石上旧精魂》因篇幅关系，调入了其他书中关于佛教的几篇普及性的文字。

另外几种，出于各集均衡以及内容集中的考虑，调整相对较大一些。前者不言自明。后者，诸如——

《敦煌学与佛教杂稿》在诸书中篇幅最大，有一些怀人的文字，也有一些较为通俗的文字。编辑时，主要是集中敦煌学和佛学两方面学术性较强的文字，通俗性文字则予以调整。其中，《什么是变文》一篇则源自白先生与周绍良先生合编的《敦煌变文论文录》（1982年初版）。

《北大熏习录》也是篇幅比较大的，编辑时主要保留与北大相关的文字，其他则适当调出。原来的分辑也做了调整。

《人海栖迟》，内容主要关涉北京（所谓"人海"），故而也调入了一些别书的相关篇章，主要是怀人、记事的，也包括有关北京的书籍的文字。

《承泽副墨》主要收录"阐明或说希望表扬诸位大名家的优秀著作的小文及相关文字"，"以为传道之助"。编辑仍旧本此宗旨，除调出几篇关于北京的人和事的文章，主要是把别书中寿辞、碑文都集中调整了过来。分辑则是将序言与自序合为一辑，另增一辑"寿辞和碑文"。

《退士闲篇》，因与《三生石上旧精魂》有几篇重复，因而主要是调出；同时调入了一篇适当的通俗文字。

《汉化佛教三宝物》是新世纪结撰的佛教普及读物，由于较早出版且很受欢迎的两种佛教读物内容上有重叠，因此没有作为专集。此书独有的几篇文字，则编入适当的集子；《汉文印本大藏经》一文，也采用了此书经过修订的同题文字。

原著的序言（或者前言等），包括他序与自序，一律保留，并作说明。

原书有的分辑，有的不分；有的则在分辑之下，目录中又以空行标示区划。此次整理，绝大部分保持原样，个别的作了一些整合。

除了篇目调整外，此次编辑，更多的是按出版规范要求进行技术处理，尤其是涉及诸多方面的全书规范的统一；当然，也改正了原书存在的极个别的误植或失误。

白先生的著作，大多有丰富的插图，有的是说明性质的，与内容紧密关联；有的是附件性质的，但却有可贵的资料性和观赏性。此次编辑，尽可能地原图照录，同时删除部分意义不大且清晰度较差的图，也补充了一些切当的新图。

鉴于水平所限，编辑中难免有偏颇或挂漏之处，审校也会存在疏忽不审，敬请专家和读者批评指正。